El futuro comienza con un sistema visionario.

Lo más nuevo: Cierre electrónico para USM Haller – www.usm.com/cierre

Solicite información detallada o visite nuestras exposiciones.

Distribución para España: Unidad de sistemas modulares SL, Gran Via Carles III, 98 1° 3ª Torre Norte (Edificio Trade)
08028 Barcelona, Tel. +34 933 390 204, Fax +34 933 390 188, usminfo@telefonica.net
Sede principal: USM U. Schärer Söhne AG, Münsingen Suiza
www.usm.com

USM
Sistemas Modulares

tune the light

Nadir IP67
Luz en lugar de luces: quién si no ofrece una gama tan amplia de características de proyección distintas como ERCO, con desarrollos completamente nuevos como el programa Nadir: luminarias empotrables en el suelo redondas y cuadradas para el montaje en interiores. Luminotecnia de alta calidad para, ante todo, un confort visual eficiente. Pero también los cuerpos, absolutamente determinantes en el montaje empotrado en el suelo, rebosan de ideas: tipo de protección elevado, montaje inteligente, diseño extremadamente plano, ajuste posterior de la altura, detalle de ajuste elegante. Innovador en todos los sentidos.
www.erco.com

ERCO

bulthaup
Santa & Cole

bulthaup

En bulthaup comprendemos los deseos de los más exigentes, los fascinados por la sensualidad de los materiales nobles y por la estética funcional de las formas. Con bulthaup podrá diseñar espacios vitales que van más allá del ámbito de la cocina. Donde vea el nombre de bulthaup, encontrará especialistas en la nueva arquitectura de la cocina.

SANTA & COLE
www.santacole.com

Johann Sebastian Bach, 7. 08021 Barcelona. tel. 932 418 740. bach7@santacole.com
Santiago Bernabeu, 6. 28036 Madrid. tel. 915 646 297. mad@santacole.com

movinord.com

Movinord PARTICIONES + SUELOS TÉCNICOS + TECHOS METÁLICOS + CLIMATIZACIÓN TRANQUILA

innovación, transparencia, luz

NODUX® BY DHEMEN

nuevas soluciones Movinord

NODUX® BY DHEMEN

CRYSTAL

Las nuevas particiones de Movinord nacen para facilitar los nuevos modelos de organización basados en la comunicación y la transparencia.

Crystal® es evolución: suma en un único producto las altas prestaciones técnicas de los sistemas de particiones M82|M92 y la innovadora estética de una partición transparente de alta gama con amplios paneles de cristal y elementos de metacrilato.

Nodux®, con sus perfiles traslúcidos, es la solución más innovadora: no sólo innova en los perfiles de polimetacrilato de metilo de alto impacto, también lo hace en los nudos de intersección y en las extensiones del sistema.

Un sistema exclusivo de colocación de baldosas 100% EN SECO

VENTAJAS:

Colocación instantánea y limpia, sin cementos, sin rejuntado ni escombros. El pavimento Pret a Porter puede utilizarse inmediatamente después de su colocación al ser un sistema totalmente en seco. Pueden aplicarse tanto en el ámbito doméstico, como en establecimientos comerciales cuyo aspecto debe cambiar con frecuencia y es ideal para proyectos de arquitectura efímera.

VERSÁTIL, FÁCIL, LIMPIO Y RÁPIDO

En pocas horas puede cambiar el pavimento de cualquier lugar.

Información completa sobre esta novedad:
WWW.PRETAPORTER.ROCA.COM

Atrévete a ser diferente

Las arrugas de la piel son ese algo indescriptible que procede del alma, su creación como piel protectora, inspirada en la naturaleza, da total libertad y una estética única

Sistema de paneles para cerramientos arquitectónicos
FormaAlive

Polígono Industrial Mobir, parcela 2 · 08471 Vallgorguina · Barcelona
Tel. 93 848 52 59 · Fax 93 867 55 39
britishrobertson@britishrobertson.es · **www.britishrobertson.es**

Petra Blaisse: ... bushes and trees were an extension of what curtains could be used for with regard to light, climate and sound

'scape

The international magazine for **landscape architecture** and **urbanism**

2 x year, 92 pages full colour
individuals € 30,-
students € 27,-
ex shippingcosts

news, features, interviews, portraits, reviews, essays, products, commentaries, inspiration, debate – by the makers of **Fieldwork** – Landscape Architecture Europe

subscribe now!
www.scapemagazine.com

issue 1/08
Cultural landscapes: Even landscapes die out
Original European design drawings
Urbanism of anticipation
Petra Blaisse: Look at what architecture can't do
Hybrid spaces in Seattle, Brisbane and Almere
The rethinking of Fengshui

issue 2/08
Landscape and tourism, perspectives for the Mediterranean and the coasts of Holland, Denmark, Norway and Vietnam
Campus designs
Jaime Lerner, mayor and architect
'Re-site', an essay by Stig Andersson

The tiny houses in Seàovlje salt pans near Piran, Slovenia, are in a state of collapse.

Timber cabinets make up the walls of the first floor rising up to the double high ceiling.

Villa Cetinale, Sovicille, Siena, Italy.

visum3
una novedad a nivel mundial

visum3 es una teja cerámica patentada a nivel mundial que gracias a su diseño crea con una sola pieza el efecto visual de tres

visum3 ofrece una gran variedad de tonos gracias a su triple decoración exclusiva, de manera que no hay dos tejas iguales

visum3 reduce los costes de instalación respecto a otros productos y todo ello con la calidad que ofrece el material cerámico La Escandella

Urbi

Urbi 1

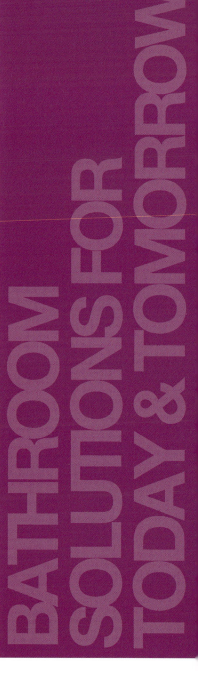

BATHROOM SOLUTIONS FOR TODAY & TOMORROW

Urbi 2

Urbi 3

Urbi 4

Roca presenta su nueva línea de lavabos, aportando nuevas formas, actuales e innovadoras que convierten el lavabo en una pieza clave en la creación de espacios de baño modernos, aunando estética y funcionalidad.

Patrocinador Oficial

EXPO ZARAGOZA 2008

www.roca.com   THE LEADING GLOBAL BATHROOM BRAND

Roca

CERÁMICA URBANA

LA CERÁMICA, MATERIAL DE DISEÑO Y VANGUARDIA, GANA POPULARIDAD EN ESPACIOS PÚBLICOS

Acera de Castellón

EN EL CASO DEL PROYECTO "COLOUR REVOLUTION", LA COMBINACIÓN CERÁMICA Y COLOR HA PERMITIDO OXIGENAR LA CALLE DE LA CIUDAD

Proyecto "Colour Revolution" del arquitecto José Durán Fernández

Los proyectos arquitectónicos urbanos que utilizan cerámica han comenzado a marcar tendencia en la arquitectura contemporánea. La cerámica es hoy en día una elección preferente en las obras al aire libre ya que características específicas de este material, como su durabilidad y resistencia, y su diseño específico para ese uso, han convertido a la cerámica en una apuesta segura.

Otra de las cualidades más representativas de la cerámica para exteriores es su propiedad antideslizante. El uso específico de estas piezas cerámicas previene posibles riesgos, manteniendo su estética.

La posibilidad de elegir entre numerosos formatos, relieves y colores, y la facilidad de combinar la cerámica con otros materiales, es también un gran beneficio arquitectónico y constructivo. Como resultado, encontramos que esta versatilidad cerámica facilita las nuevas aplicaciones urbanas en calles, edificios y todo tipo de escenarios urbanos.

www.spaintiles.info

ORGANIZAN

 Col·legi d'Arquitectes de Catalunya

arquin fad

ar qui set '08
SEMANA DE ARQUITECTURA
DEL 1 AL 9 DE OCTUBRE
2ª EDICIÓN

www.arquiset.cat

 50 ANYS Premis FAD

MECENAS ARQUINFAD

 INCASÒL Institut Català del Sòl   COL·LEGI D'APARELLADORS I ARQUITECTES TÈCNICS DE BARCELONA   Lledó Iluminación   METRO-3    SALONI cerámica    ulled comunicación

COLABORADORES ARQUINFAD

 Alape   ArcelorMittal   ARKITEKTURA   DORN BRACHT   ERCO    FCC CONSTRUCCION, S.A.   iGuzzini   LAMP LIGHTING

 LUNATUS   on diseño   RIERA   SANTA & COLE    TARGETTI GROUP   TENDER MEDIA   texsa   VEKA

PATROCINADORES COAC

 rapidmix PAVIMENTACIÓN EN RESINA

MARMOMACC
ARCHITECTURE AND DESIGN

43 International Exhibition of Stone Design and Technology

Marmomacc Meets Design
FIFTEEN INTERNATIONAL DESIGNERS INTERPRET "SKIN, SURFACE, TEXTURE". DESIGN APPROACHES

Building in Highlands
CONTEMPORARY STONE ARCHITECTURE IN MOUNTAIN AREAS

Material Connexion
SHOWS:
"MATERIALS AND INNOVATIVE PROCESSES WORLD-WIDE"
"THE LIGHTNESS OF MARBLE, 2007 DESIGN PROJECTS"

Marmomacc for Contract
ARCHITECTURE EXHIBITION ORGANIZED IN COLLABORATION WITH "ABITARE IL TEMPO"

Marmo Donna
CONVENTION IN COLLABORATION WITH THE NATIONAL "WOMEN IN MARBLE" ASSOCIATION

Best Communicator Award
THE BEST STANDS AT THE 43rd MARMOMACC. ROUTE HIGHLIGHTED DURING THE SHOW

Verona Italy October 2-5 2008

www.marmomacc.com

organized by

in cooperation with

with the patronage of

Ministero dello Sviluppo Economico
Ministero del Commercio Internazionale
Consiglio Nazionale degli Architetti, Pianificatori, Paesaggisti e Conservatori
Consiglio Nazionale degli Ingegneri

EXHIBITION AREA

76.958 Square Metres of Exposition
1.536 Exhibitors Coming from **53** Countries

THE MOST COMPLETE INTERNATIONAL PANORAMA OF THE WORLD OF NATURAL STONE AND RELATED TECHNOLOGIES

ARCHITECTURE AND DESIGN

8 Special Events | **56** World-Famous Architects
63.009 Trade Visitors of which **26.542** Coming from **120** Foreign Countries

THE EXPRESSIVENESS OF THE MATERIAL INTERPRETED BY INTERNATIONALLY FAMOUS ARCHITECTS AND DESIGNERS

TRAINING AND CONVENTIONS

27 Conventions | **6** Specialized Courses
10 International Institute and Universities Involved

CONSTANT DIALOGUE WITH INSTITUTIONS, UNIVERSITIES AND ARCHITECTS ENHANCES THE CULTURE OF NATURAL STONE

MARMOMACC

43 International Exhibition of Stone Design and Technology

n.46

Tony Fretton Architects

GG

Directora Editor-in-chief **Mónica Gili** | Editores Editors **Moisés Puente, Anna Puyuelo** | Fotografías Photographs **Hélène Binet** | Coordinación editorial Editorial staff **Saskia Adriaensen** | Diseño Gráfico Graphic design **PFP, Quim Pintó, Montse Fabregat** | Traducción Translation **J. Roderick O'Donovan, Emilia Pérez Mata** | Corrección de estilo Text revision **Carme Muntané, Paul Hammond** | Suscripciones Subscriptions **Editorial Gustavo Gili, SL** Tel. 93 322 81 61 / Fax 93 322 92 05 | Publicidad Advertising **Pilar Tendero García** | Tel. 93 580 39 33 / Fax 93 691 84 47 Rosselló 87-89. 08029 Barcelona | Producción Production **Andreas Schweiger** | Fotomecánica Colour separations **Cousins, Barcelona** | Impresión Printing **Ingoprint** | Encuadernación Binding **Reinbook, SL** | Printed in Spain. Revista trimestral. Depósito legal: B. 9.309-2000. ISBN: 978-84-252-2245-0 | Precio en España Price in Spain **29,50 € IVA incluido** | ISSN: 1136-9647 © Editorial Gustavo Gili, SL, 2008 | Editor Publisher **Editorial Gustavo Gili, SL 08029 Barcelona** Rosselló 87-89. Tel. 93 322 81 61 / Fax 93 322 92 05. e-mail: info@ggili.com - http://www.ggili.com **Portugal, 2700-606 Amadora** Praceta Notícias da Amadora Nº 4-B. Tel. 214 91 09 36

Cualquier forma de reproducción, distribución, comunicación pública o transformación de esta obra sólo puede ser realizada con la autorización de sus titulares, salvo excepción prevista por la ley. Diríjase a CEDRO (Centro Español de Derechos Reprográficos, www.cedro.org) si necesita fotocopiar o escanear algún fragmento de esta obra. La Editorial no se pronuncia, ni expresa ni implícitamente, respecto a la exactitud de la información contenida en esta publicación, razón por la cual no puede asumir ningún tipo de responsabilidad en caso de error u omisión. All rights reserved. Any form of reproduction, distribution, public transmission or transformation of this work may only be undertaken with the authorisation of the copyright holders, legally constituted exceptions aside. If you need to photocopy or scan any part of this work, get in touch with CEDRO (Centro Español de Derechos Reprográficos/The Spanish Centre for Reprographic Rights, www.cedro.org). The Publisher makes no assertion, either expressly or implicitly, as to the accuracy of the information contained in this book, and so cannot assume responsibility of any kind in the event of error or omission.

n.46

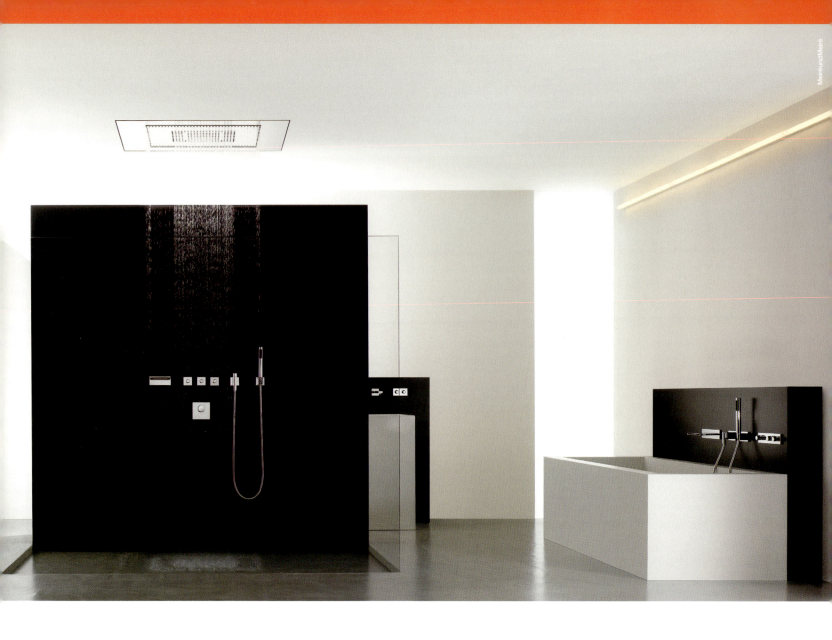

Symetrics
Architecture
Modules
Options

the SPIRIT *of* WATER

En SYMETRICS la grifería no se convierte en el centro de la sala de baño, éste lo representa el entorno en sí. La composición no es aleatorio sino resultado de una firme planificación estructurada en base a unos objetivos claramente definidos por lo que el punto central de SYMETRICS lo forman todos sus elementos, sea la grifería o los accesorios. Éste marco global facilita la ubicación de una gran variedad de módulos y componentes dentro de la sala de baño. El programa SYMETRICS ha sido creado por Sieger Design. **Aloys F. Dornbracht GmbH & Co. KG,** Köbbingser Mühle 6, D-58640 Iserlohn, Germany. El prospecto está disponible en **Dornbracht España S.L.,** C/Muntaner 575 4º 1ª, E-08022 Barcelona, Tel. +34 93 272 39 10, Fax +34 93 272 39 13, E-Mail info@dornbracht.es, www.dornbracht.com

Tony Fretton Architects

Mark Cousins	Recurrir a: la obra de Tony Fretton	Drawing upon: the work of Tony Fretton	4
Martin Steinmann	De edificios y personas	Of buildings and people	9
	Casa Roja, Londres	The Red House, London	20
	Holton Lee, Casa de la Fe y estudios para artistas, Holton Heath, Poole	Holton Lee, Faith House and artists' studios, Holton Heath, Poole	30
	Edificio de uso mixto en Constantijn Huygensstraat, Ámsterdam	Constantijn Huygensstraat mixed-use building, Amsterdam	42
	Camden Arts Centre, Londres	Camden Arts Centre, London	46
	Edificios de viviendas Andreas, Ámsterdam	Andreas Ensemble housing, Amsterdam	54
	Casa para dos artistas, Londres	House for two artists, London	58
	Edificio de viviendas De Prinsendam, Ámsterdam	De Prinsendam housing, Amsterdam	64
	Galería y viviendas AG Leventis, Nicosia	AG Leventis Gallery and apartments, Nicosia	66
	Museo, teatro y centro social, Vejle	Museum, theatre and social centre, Vejle	70
	Viviendas en Vassall Road, Londres	Vassall Road housing, London	76
	Instituto de Artes Interdisciplinares Contemporáneas (ICIA), University of Bath	Institute of Contemporary Interdisciplinary Arts, University of Bath	80
	Casa Kapoor, Londres	Kapoor House, London	84
	Primer proyecto para la nueva embajada británica en Varsovia	First scheme for the new British Embassy in Warsaw	96
	Nueva embajada británica, Varsovia	New British Embassy, Warsaw	104
	Edificio en Tietgens Grund, Copenhague	Building in Tietgens Grund, Copenhagen	108
	Fuglsang Kunstmuseum, Lolland	Fuglsang Kunstmuseum, Lolland	116
	Sede central del Erste Bank, Viena	Erste Bank Headquarters, Vienna	130
	Biografía	**Biography**	136
Tony Fretton	**nexus** Estrategias para el presente	**nexus** Strategies for the present	137

Cubierta: Fuglsang Kunstmuseum, Lolland **Cover:** Fuglsang Kunstmuseum, Lolland **Fotografía Photography:** Hélène Binet

Recurrir a: la obra de Tony Fretton

Drawing upon: the work of Tony Fretton

Desde la perspectiva teórica y crítica de la cultura arquitectónica actual, la obra de Tony Fretton plantea algunas preguntas difíciles. La primera de ellas, ¿qué es exactamente lo que proyectan los arquitectos?, parece obvia, pero no lo es absoluto. Se trata de una pregunta que debe responderse desde un punto de vista arquitectónico más que filosófico o convencional. La segunda, ¿para qué lugar proyectan los arquitectos?, no se refiere al emplazamiento o al edificio como instalación, sino que, de nuevo, debería responderse desde una perspectiva arquitectónica. Y en el caso de la tercera, ¿para qué o para quién proyectan?, la respuesta no puede quedar limitada a "para el cliente", ni ser tan general como "para la sociedad". Estas preguntas me ofrecen una vía de acercamiento a la obra de Fretton; un acercamiento que, evidentemente, está movido por mi propio interés. Sin embargo, la cuestión va más allá, ya que lo que pretendo abordar es qué es lo que distingue la obra de Fretton de la de muchos de sus contemporáneos, situándolo en cierta tensión con respecto a la cultura arquitectónica contemporánea.

Tomemos la primera pregunta, "¿qué proyectan los arquitectos?". Existen varias respuestas posibles. Algunos dirán "edificios", mientras que otros insistirán en que no todos los edificios son arquitectura. Habrá también quienes afirmen que ya no existe una razón de peso para dividir el campo del diseño, en especial en una era digital cuyas potentes tecnologías son indiferentes al objeto diseñado. Aún así, la idea de un edificio sigue siendo probablemente la respuesta que establece un mínimo común denominador. El edificio aún es (sencillamente) el objeto, o quizá debería decirse la unidad, de la arquitectura. Sigue siendo el logro identificable del arquitecto; la obra del arquitecto. Sin embargo, esta valoración excluye diversos problemas, fundamentalmente, que la imagen de arquitecto que implica prescinde del colectivo que ha trabajado con él, conocido como "despacho"; a su vez, el propio término "identificable" también plantea problemas. Este hecho ha tejido recientemente una compleja red de

The work of Tony Fretton raises questions that are awkward in terms of the current culture of architectural criticism and theory. The first question is so obvious that it is not obvious—what is it exactly that architects design?—where this question must be answered architecturally rather than philosophically or conventionally. Secondly, where do architects design for? Again this is a question that should be answered architecturally rather than in terms of the site or in terms of the building as an installation. Thirdly, who or what do they design for? Where the answer to the question can neither be as narrow as the client nor as broad as "society". Such questions provide me with an entry to his work. It will be plain that it is driven by my interest and my pleasure, but the issue goes beyond that to touch upon what distinguishes his work from so many of his contemporaries and sets him in a certain tension with contemporary architectural culture.

Take the first question: what do architects design? There are a number of possible answers. Some will say "buildings", yet others will insist that not all buildings are architecture. Others will say architects design "period", and that there is no longer any compelling reason to divide the field of design, especially in a digital age whose powerful technologies are indifferent to the object of their design. Still, the idea of a building probably remains the lowest common denominator as an answer. The building (just) remains the object, or one might say the unit, of architecture. It is the *thing* that is still elevated, the identifiable achievement of the architect; it is by the architect. Now, this leaves out all sorts of problems, chiefly that the image of the architect that is implied leaves out the reality of both the collective worker known as the "office" and the problems of the term "identifiable". Recently, this has spun a complex web of concern with signature, branding and aesthetic problems of recognition. Leaving these to one side, the building still has a number of problems: the empirical reality of a building has to bear the logical weight of seeming to

MARK COUSINS es crítico cultural y teórico de la arquitectura, director de Estudios Históricos y Teóricos y codirector del programa de licenciatura de Historia y Teoría en la Architectural Association; así mismo, es profesor invitado de Arquitectura en la Columbia University. Cofundador junto a Paul Hirst, Colin MacCabe y Richard Humphreys del London Consortium, y autor, entre otras publicaciones, de *Michael Foucault* (Macmillan Education, Houndmills, 1984), escrito en colaboración con Athar Hussain.

MARK COUSINS is a cultural critic and architectural theorist. He is the Director of History and Theory Studies and Co-Director of the Graduate Programme in Histories and Theories at the Architectural Association and also Visiting Professor of Architecture at Columbia University. He co-founded the London Consortium along with Paul Hirst, Colin MacCabe and Richard Humphreys and is the author of, among other things, *Michael Foucault* (Macmillan Education, Houndmills, 1984), co-written with Athar Hussain.

intereses en torno a la firma, la marca y los problemas estéticos del reconocimiento. Dejando a un lado estos últimos, el edificio sigue planteando una serie de problemas: la realidad empírica de un edificio tiene que soportar la carga lógica de que debe parecer un objeto, un todo. Esta lógica se remonta a Aristóteles, para quien lo importante era cómo las partes colaboraban al servicio del todo. El "todo" proporciona un principio de valoración, también en el caso del diseño, al respecto de cómo las partes hacen realidad el "todo". En cuanto lógica, impone una distinción entre interior y exterior, partiendo del hecho básico de que, obviamente, existen un interior y un exterior que deben hacer realidad el todo. Esta organización del pensamiento, ya que el pensamiento precede a la realidad, establece cierto patrón previo para la propia existencia del edificio.

De este hecho se derivan otras dos cuestiones que deben plantearse antes de abordar la obra de Tony Fretton, aunque ambas estrechamente relacionadas con ella. La primera es la estancia. En la arquitectura moderna, las estancias parecen ser divisiones del espacio interior de un edificio. Sean cuales sean los papeles funcionales o programáticos que se les asignen, se representan como divisiones que, por adición, suman en favor de la totalidad interior. Forman parte del espacio interior total. La segunda cuestión está relacionada con el exterior, con el hecho de que se supone que el edificio tiene un lugar o "contexto" y que debería relacionarse con él en términos de conformidad u, ocasionalmente, de transgresión. Las estrategias para "que esté en su lugar", sean cuales sean, tienden a resultar algo contradictorias, ya que para que el edificio esté ahí, para que se muestre y por lo tanto tenga integridad como un todo, debe ser él mismo pero no serlo del todo. Este problema genera todo tipo de soluciones, pero también todo tipo de confusiones. Desde mi punto vista, la obra de Tony Fretton plantea un medio de abordar estos problemas del interior de un edificio y las condiciones exteriores de la ciudad (y también del campo) relajando la idea de edificio y estableciendo relaciones directas entre la estancia y la ciudad. De hecho, quizá el análisis de su obra sólo pueda avanzar si se deja a un lado, al menos por un momento, la reflexión del edificio como un todo. Es evidente que Fretton proyecta edificios, pero el foco del proyecto no es propiamente el edificio, sino que está puesto en otro lugar en el sentido que he esbozado. Sus edificios no hablan latín, o mejor dicho, no emplean el lenguaje de la filosofía. Y el término que se utilizaba para todo aquello que no se expresaba en latín era el de "vernáculo". Más adelante volveré sobre este aspecto. En este punto deberíamos plantearnos qué significa que el eje del proyecto no pase inicialmente por el edificio, sino que vaya de la estancia a la ciudad.

Consideremos la relación del arquitecto con la ciudad. Y, sin duda, ciudad es el término adecuado, no para distinguirlo de núcleos más pequeños o incluso de pueblos, sino de lo urbano. La obra de Fretton no muestra un interés especial por el urbanismo y su forma de plantear problemas y soluciones genéricos. Para Tony Fretton, la ciudad es, sobre todo, la ciudad de "lo dado". Tendemos a utilizar el término "dado" como sinónimo de lo que está ahí y, posiblemente, como un conjunto de limitaciones, que, en su aspecto más negativo, suele considerarse como una tabula rasa. Pero sería difícil encontrar un arquitecto que disfrute más que Fretton de lo dado, que experimente lo dado como un "regalo" de la ciudad. Lo dado son las capas sedimentadas de la cultura de la ciudad, los restos de su construcción y la continuidad de su existencia. Implica una relación con el pasado, aunque esta relación no sea necesariamente histórica. Puede que un historiador esté interesado en este o aquel edificio del siglo XVIII, pero la ciudad lo consume como artefacto histórico. El edificio regresa como parte del presente. Pertenece al pasado de la ciudad como lengua vernácula de la misma, incluso aunque sea de estilo clásico. Sus funciones y efectos arquitectónicos no son esclarecidos por la historia de la arquitectura. La propia ciudad es el emplazamiento no sólo de la con-

be the thing, a whole. This logic of attention goes back to Aristotle, for whom what was important was how the parts collaborate in the service of the whole. The "whole" supplies a principle of judgment, including that of design, as to how the parts realise the "whole". As a logic it compels the distinction between interior and exterior, starting with the very fact that there obviously is an interior and an exterior. They themselves must realise the whole. This arrangement of thought, for the thought pre-dates the reality, sets a certain template for the very existence of the building.

Two subsequent issues flow from this, both of which must be included before directly addressing Tony Fretton's work, although both of them relate closely to it. The first is the room. In modern architecture rooms seem to be divisions of the interior space of a building. Whatever functional or programmatic roles they are assigned, they are represented as divisions, so that by their addition they add up to the interior totality. They are close to, a part of, the total interior space. Often the architect will underline that through proportionality and regularity, and stylistic consistency, the interior is seen to embody the interior. The second issue relates to the exterior and the fact that the building is thought to have a place or a "context", and that the building should manifest a relation to this whether in terms of conformity or occasionally transgression. The strategies for "being in place", whatever they may be, tend to have a certain contradictoriness; for the building to be there and so have its integrity as a whole, it must be itself and not quite itself. This problem generates all sorts of solutions but also all sorts of confusions. I will argue that Tony Fretton's work produces a means of dealing with these problems of the interior of a building and of the exterior condition of the city (or also the countryside) through a loosening of the idea of the building, and through establishing direct relations between the room and the city. Perhaps, indeed, the analysis of his work can only proceed by suspending, at least for a moment, the apparatus of the building as a whole. Of course he designs buildings, but the focus of the design is on something other than the building in the sense that I have sketched. His buildings don't speak Latin or rather they don't speak philosophy. And of course the term for what did not speak Latin was the vernacular. I will return to this. At this point we might consider what it is that the axis of design is not initially through the building but from the room to the city.

Consider his relation to the city. And surely the city is the term to use, not in distinction from the town or even from the village, but from the urban. His work shows no particular interest in urbanism and the way it sets out generic problems and solutions. The city for Tony Fretton is above all the city of "the given". We tend to use the "given" as synonymous with what is there and possibly as a set of constraints, and this is often thought of unfavourably as a tabula rasa. But it would be difficult to think of an architect who enjoyed the fact of the given as much as Fretton, and who experiences the given as the "gift" of the city. This given is the layered and sedimented culture of the city, the remains of its construction and of its continuous existence. It involves a relation to the past, but is not necessarily a historical relation. A historian may be interested in this or that 18th-century building, but the city consumes it as a historical artefact. The building returns as part of the present. It belongs to the city's past as the city's vernacular tongue, even if it is correctly classical. Its architectural functions and effects are not to be elucidated by architectural history now. The city itself is a site not just of its continuing existence, but an image of survival as such.

Perhaps this becomes clearer by making an analogy between the city and epic forms of poetry. It is a singular feature of cities, considered as objects, that they permit and creates spaces for building. Like the epic the city is never really completed. Indeed they never have a clear ending; they just stop after a while. Epics like cities invite additions, subtractions, renovations, transformations. They belong not just to

tinuidad de su existencia, sino una imagen de supervivencia como tal. Quizá esta idea resulte más clara si establecemos una analogía entre la ciudad y las formas épicas de la poesía. Una de las características singulares de las ciudades, consideradas como objetos, es que permiten espacios para construir y los crean. Como la épica, las ciudades nunca están terminadas del todo. De hecho, su final nunca es claro. La épica, como las ciudades, invita a añadir, quitar, renovar, transformar; no sólo pertenece a la cultura, sino que registra la transformación de la cultura. Algunas veces un poema épico se convierte en la base de otro poema épico. Perpetuamente incompleta, la ciudad invita a la ampliación y la modificación. Es evidente que existe, pero no como un todo. Podríamos comparar la épica con la lírica; la lírica es autónoma, independiente, el erudito evitará que se corrompa.

Las adiciones sucesivas a la épica se insertan en ella con lo épico "en mente". ¿Cómo se produce este proceso en el caso de la ciudad? Desde luego, el espacio a construir dentro de la ciudad no es una cuestión meramente espacial. Las relaciones de propiedad, las normativas administrativas, el poder político y financiero son también importantes. Pero, en el mismo sentido que en la épica, construir en la ciudad supone siempre una densificación o una reducción de las relaciones, donde sólo la densificación de la ciudad puede ser un objetivo, puesto que supone una intensificación de la ciudad. En este sentido, convertir las ciudades en emplazamientos para soluciones urbanas genéricas supuso una pérdida radical para ellas. También debemos precisar que el término densificación no hace referencia al porcentaje entre población y espacio, sino a la densidad de las relaciones. Creo que estos términos ayudan a comprender mejor la respuesta arquitectónica de Tony Fretton ante la ciudad.

Pero quizá antes de abordar este aspecto de forma más detallada sea necesario describir el otro polo de la obra de Fretton, la estancia. Desde Adolf Loos, la estancia ha caído en desgracia arquitectónica. Está sobre el papel, en el plano, como consecuencia de la división del espacio. Las estancias conforman el interior, separado del exterior. Pero, en la obra de Fretton, entre la estancia y la ciudad existe un compromiso más directo que no está cercenado por el edificio. Este compromiso se aborda a menudo sólo mediante las ventanas. Es evidente que éstas pueden abrir el interior a una vista, pero se trata de una relación que se basa en lo pictórico. Si una pintura se concibe filosóficamente como una ventana al mundo, no resulta sorprendente que la historia posrrenacentista de las ventanas sea una historia de imágenes pictóricas. En segundo lugar, las ventanas se convierten en el lugar donde se manifiestan las relaciones de simetría y proporción del edificio. Un análisis de las ventanas en la obra de Fretton muestra que los proyectos van más allá de los sistemas habituales. Sus ventanas no son un instrumento de proporción y simetría, ni tampoco están sólo preocupadas por las imágenes pictóricas de los alrededores, sino que están concebidas, al menos en parte, para mirar a través de ellas hacia el interior. Como comenta el propio arquitecto, la Casa Roja muestra partes del interior a la calle, en especial cuando está iluminada, como una casa holandesa situada junto a un canal o un palacio veneciano. El sistema de iluminación se utiliza para establecer una relación con la ciudad que no es pictórica y que va de la ciudad a la estancia. No se trata de una apropiación de la ciudad por parte del interior, sino de una apropiación del interior por la calle. Es, en sí misma, una experiencia de la ciudad que quizá sea más intensa en el caso de los niños.

culture, but to the register of cultural transformation. Sometimes an epic becomes the basis for another epic. Perpetually incomplete, the city invites extension and modification. Certainly it exists, but not as a totality. The epic might be contrasted with the lyric; the lyric is self-contained, the scholar will prevent its corruption.

Successive additions to epic insert themselves in the epic with the epic "in mind". How does this happen with cities? Of course, the space to be built in a city is not a purely spatial issue. Relations of property, administrative regulation, political power and finance are all significant. But in the sense of the epic, building in the city is always either a densification or a reduction of relations, where only the densification of the city can be an objective since it is an intensification of the city. Making cities into sites for generic urban solutions was in this sense a radical subtraction from cities. Nor does the term densification refer, here, in any direct way to the ratio of population to space. The densification refers to the density of relations. I believe that it is in these terms that Tony Fretton's architectural response to the city can best be captured.

But perhaps before directing them in more detail it is necessary to describe the other pole in Fretton's work—the room. Since Loos the room has fallen from architectural grace. It lies on the paper in the plan, a consequence of the division of space. The rooms constitute the interior, separated from the interior. But in Fretton's work there is a more direct engagement between the room and the city, an engagement which is not severed by the building. This is often only dealt with through the question of fenestration. Certainly windows can open the exterior to a view from the window, but it is a relation that depends upon the pictorial. If a picture is philosophically thought of as a window on the world, then it is not surprising that a post-Renaissance history of windows is of pictures. Secondly, windows become a site for the building's relations of symmetry and proportion. Even an analysis of windows in Fretton's work shows designs that exceed the normal regimes. His windows are not an instrument of proportionality and symmetry. Nor are they only concerned with pictures of the surroundings. They are intended, or at least intended to be partially seen into. As he says, the Red House shows parts of its interior, especially when lit, to the street just as a Dutch canal house or a Venetian *palazzo*. This uses the lighting system to establish a *relation* to the city which is not a pictorial relation and moves from the city to the room. It is not an appropriation of the city by the interior but an appropriation of the interior by the street. It is itself an experience of the city, one which is perhaps strongest in children. Nor are Fretton's windows easily thought of as supports for regularity. Of the Lisson Gallery Fretton said, "The gallery spaces were given the unforced character and aesthetic of spaces that occurred in the surrounding neighbourhood by accident. Their proportions were intentionally made imperfect and unequal so that the art on display would be more visible than the architecture of the room." So what is true for the windows is true for the rooms. His statement seems to me to be true but not nearly as obvious to us as it is for him.

Clearly, the whole claim rests upon a certain idea of relations. If we accept the idea of building in the city as a densification of relations, then design is a certain knowledge and still in this field of relations, and a certain strength to make them architectural, or indeed a certain strength not to make them architectural.

Tampoco resulta fácil pensar en las ventanas de Fretton como soportes de la regularidad. Hablando de la Lisson Gallery, el arquitecto afirma: "Se proporcionó a los espacios de la galería el carácter espontáneo y la estética de los espacios del barrio en el que está situada, resultado de la casualidad. Sus proporciones son intencionadamente imperfectas y desiguales, de forma que las obras de arte expuestas fuesen más visibles que la arquitectura de la sala". Así pues, lo que es cierto en el caso de las ventanas, lo es también en el de las estancias. Su afirmación me parece cierta, pero en ningún caso tan obvia como lo es para él. Evidentemente, la afirmación se apoya en una determinada idea de las relaciones. Si aceptamos la idea de que construir en la ciudad supone una densificación de las relaciones, el proyecto implica cierto conocimiento y cierta fuerza para convertir esas relaciones en arquitectónicas o, desde luego, cierta fuerza para no convertirlas sólo en arquitectónicas.

Quizá este argumento pueda reforzarse pensando en el gran salón de la Casa Roja situado en la planta noble. Da la sensación de que su doble altura, que servirá de soporte a la colección de pinturas y esculturas, no tiene otro fin que el disfrute de las obras y de las posibilidades que ofrece. Es un espacio autónomo respecto al resto de las habitaciones; no se corresponde con la aritmética espacial que conforma el espacio interior, y tampoco su forma se deriva de la función, ya que las funciones acaban siendo una representación de las funciones, y este salón está para ser utilizado. Efectivamente, muy poco de la obra de Fretton posee carácter de representación. Está claro que la arquitectura del pasado tiene importancia para él, pero desde un punto de vista distinto al de la historia de la arquitectura. El pasado es cómo existe y cómo funciona. Por el contrario, la historia de la arquitectura es casi la historia de una idea. Tony Fretton nunca cita de una forma posmoderna. Le gusta tomar prestado o reutilizar, pero no de forma ecléctica, sino en un intento contundente de sumar a lo que llamamos ciudad.

Hasta ahora, parece que este texto privilegia el eje entre la estancia y la ciudad en la obra de Fretton. Sus estancias existen con más fuerza y de forma más autónoma que aquellas que son producto de la división del espacio interior. El edificio no sólo está planteado desde un punto de vista práctico, sino también desde una perspectiva teórica. El eje de la estancia y la ciudad está reforzado porque entre ambas sustentan las relaciones arquitectónicas fundamentales. Puedo estar en una ciudad o en una habitación en un sentido en el que no puedo estar en un edificio como todo.

Esta idea se basa en un concepto de las relaciones totalmente distinta de una idea de representación. Desde mi punto vista, la arquitectura de Tony Fretton es una arquitectura de relaciones, no de representación. Respecto a lo que se entiende por relaciones, Tony Fretton escribió: "Cuando proyecto recurro a las cosas que ya existen, que he observado y experimentado y en las que percibo cualidades sociales, políticas y artísticas que serán reconocidas por otras personas". Supongo que el juego de palabras al inicio de su afirmación fue involuntario pero, desde luego, resulta revelador.[1] Fretton recurre a relaciones que ya existen, y dibuja, proyecta sobre ellas en un sentido arquitectónico de articulación de lo ya conocido, de emplear un lenguaje vernáculo.

En este caso, el término 'relaciones' significa la combinación de las 'cosas conocidas', y la capacidad de darles una forma arquitectónica indica el proceso de recurrir a cosas conocidas en el dibujo de un edi-

[1] El autor se refiere al verbo *draw* empleado en el texto original inglés, que según la preposición que lo acompañe (*upon* o *on*) tiene un doble significado: 'recurrir a' y 'dibujar sobre'. (N. del T.)

This argument can be perhaps strengthened by thinking of the grand salon in the Red House, on the *piano nobile*. Its double height, which will support the room's collection of pictures or sculptures, does not seem to be there for any other reason than the pleasures and possibilities that it offers. It is autonomous to other rooms; it does not belong to a spatial arithmetic that adds up to the interior space. Nor does it take its form from a function, since functions end up as representations of functions—this is there to be used. Indeed, very little of Fretton's work has any representational character. Certainly the past of architecture matters to him, but that is different from the history of architecture. The past is how it exists, and how it works. By contrast, the history of architecture is almost the history of an idea. Tony Fretton never quotes in a postmodern fashion. He is happy to borrow or re-use, not out of some eclecticism, but in a strong attempt to add to what we call the city.

So far the argument seems to privilege the axis in Fretton between the room and the city. His rooms exist more strongly, more autonomously, than when rooms are the product of internal division. The building not just in practical terms, but on any theoretical account. The axis of the room and the city is stressed because between them these support the fundamental architectural relations. I can be in a city or a room in a sense that I cannot be in a building all at once.

This argument is based upon an idea of relations, which could not be more different from an idea of representation. My suggestion is that Tony Fretton's is an architecture of relations, not of representation. But as to what is meant by relations, Tony Fretton wrote: "When designing I draw on things that already exist, that I have observed and experienced, in which I sense social, political and artistic qualities that will be recognised by other people." I suspect that the pun at the beginning of the statement was unintentional but it is nonetheless most revealing. It makes "drawing" into a complex figure which combines drawing *upon*, namely using relations which already exist, and drawing *on* them, designing or drawing in an architectural sense, of articulating an already known, of speaking a vernacular. "Relations" here signifies the combination of "things known" with the capacity to shape them architecturally. "Relations" here indicates the process of drawing upon known things in a drawing of an unknown building. Something like this accounts for a common experience of Fretton's architecture, a combination of surprise and recognition.

The third question was who or what was the building for? Of course, the first but narrow answer is the client and this essay has nothing to say about this complex relation, except to observe that like other architects Tony Fretton had to satisfy the client. But in his design the client is also the object which he thinks about architecturally. But the real beneficiary of the project is the city. The question here is not the usual one of context. The project is always already related to the city as an intensification of the city's own relations and use. Except that here the term "the use of a building" doesn't seem quite right. It is as if this usual phrase allows one to think about the building and its use in separate registers. One looks for a way to describe a condition in which "use" is more significant than that. It is where *use* is a relation of design, rather than a consideration of design. It is when the elements of design, which in Fretton's case come loosely from a modernist but not only modernist vocabulary, are shaped by the "lessons"

ficio desconocido. Algo parecido explica una sensación habitual que experimentamos ante la arquitectura de Fretton, una combinación de sorpresa y reconocimiento.

La tercera pregunta era para qué o para quién es el edificio. Evidentemente la primera respuesta, aunque resulte limitada, es "el cliente". Este ensayo no tiene nada que añadir acerca de esta relación compleja, excepto constatar que, al igual que en el caso de otros arquitectos, Tony Fretton tiene que satisfacer al cliente. Pero, en sus proyectos, el cliente también es objeto de su pensamiento arquitectónico, aunque el auténtico beneficiario sea la ciudad; una ciudad que, en este caso, no se limita, como es habitual, al contexto. El proyecto está siempre relacionado con la ciudad para intensificar el uso y las propias relaciones de la ciudad, excepto que aquí el término 'uso del edificio' no parece del todo correcto. Es como si esta frase habitual permitiese pensar sobre el edificio y su uso por separado. Buscamos una forma de describir una situación en la que el uso sea más significativo, donde establezca una relación con el proyecto, más que ser algo que el proyecto debe considerar. Es una situación en la que los elementos del proyecto, que en el caso de Fretton proceden en cierta medida del vocabulario del movimiento moderno, aunque no sólo de él, sean conformados por las "lecciones" del uso. En el fondo, aunque se requeriría más espacio que el de este artículo para elaborar este concepto, podríamos pensar en él en términos de una idea de gesto arquitectónico.

El gesto posee tanto un aspecto físico como un "significado" conectado con la convención. En toda la etérea literatura arquitectónica sobre el "significado" y la ausencia de significado quizá se haya puesto muy poco énfasis en el aspecto físico del gesto, y muy poco también en las convenciones. El gesto no es una sugerencia, a pesar de que pueda traducirse en una; es ineludiblemente físico. Los gestos pueden originarse en el cuerpo humano, pero también pueden hacerlo en los objetos físicos, porque el "significado" de un gesto no tiene su origen en las personas y sus intenciones, sino en las convenciones. Un gesto arquitectónico es, por lo tanto, la forma material de aquello que se comprende. Evidentemente, el hecho de que la imagen sea un éxito depende de la habilidad del arquitecto.

Esta afirmación insiste en el hecho de que, en este contexto, el uso no es algo separado de la forma física. Por ello es algo completamente distinto al funcionalismo, porque el "uso" al que se hace referencia en este caso no posee una función práctica. Al respecto del gesto arquitectónico, no consiste en un significado envuelto en una forma arquitectónica, como la frase escondida en una galleta sorpresa de navidad, sino que se considera, más bien, una articulación física que las convenciones hacen posible pero que no puede reducirse a un significado. De esta forma lidia la arquitectura de Tony Fretton con una pregunta como esta. No consiste en esperar a que el edificio "dé la bienvenida" o "muestre respeto", que no denota más que optimismo vacío. Lo que la arquitectura de Tony Fretton demuestra es que tales gestos pueden existir arquitectónicamente como gestos materiales que "recurren a" lo conocido, que es a su vez una convención. Fretton está más interesado en cómo los objetos son investidos con la convención que en cualquier búsqueda filosófica del significado. Su interés por la obra de Dan Graham podría ser un signo de ello.

El período de trabajo que abarcan los proyectos de la revista demuestra que la obra de este arquitecto es reconocible a partir del proyecto de la Lisson Gallery, pero no desde el punto de vista de una arquitectura conocida por su firma o su coherencia estilística, sino más bien como una forma de trabajar, de proyectar, que "recurre a". Ahora que el estudio aborda proyectos de mayor escala, la evolución del despacho de Tony Fretton ha alcanzado quizá un momento decisivo. Su vocabulario y su intuición cívica hacen que estén en condiciones de desarrollar una arquitectura distintiva en el ámbito cultural que seguimos llamando ciudad y, por supuesto, en el ámbito rural. Ambos son distintos pero ambos dependen de las culturas que los han conformado y, por lo tanto, conservan el potencial del gesto arquitectónico.

of use. At heart, although it would require more than this article to elaborate it, we might think of it in terms of an idea of architectural gesture.

Gesture has both a physical aspect, and a "meaning" which is linked to convention. In all the rather vaporous architectural writing on "meaning" and lack of meaning, perhaps too little emphasis has been placed upon the physical aspect of gesture, and too little emphasis upon conventions. Gesture is not a proposition, even if it can be translated into one; it is inescapably physical. Gestures can originate in the human body, but they can equally originate in physical objects, for the "meaning" of a gesture stems not from persons and their intentions but from conventions. An architectural gesture is therefore the material form of what is understood. Of course its successful appearance lies with the skill of the architect.

This point is made to insist that in this context use is or does not have a definition separate from physical form. This is utterly different from functionalism because the "use" referred to here does not have a practical function. In the case of an architectural gesture it is not as if it has a meaning which is wrapped up in architectural form, like the motto in a Christmas cracker. Gesture is, rather, considered as a physical articulation made possible by conventions but not reducible to meaning. This is how Tony Fretton's architecture grapples with something like this question. It is not a question of hoping that a building "welcomes", that it "shows respect"—this is empty optimism. But what the architecture of Tony Fretton shows is how such gestures can exist architecturally as material gestures which "draw" upon what is known, what is a convention. Fretton is more interested in the way objects are invested with convention rather than with some philosophical quest for meaning. His interest in Dan Graham's work would be an index of this.

The period of work covered in these texts demonstrate the work of an architect who from the design of the Lisson Gallery onwards has become recognisable, not in terms of an architecture known by its signature or its stylistic consistency, but rather as a form of work, of design, which "draws upon". Now that the work of the office already has projects at a larger scale, the progress of Tony Fretton's practice has reached what is perhaps a decisive moment. His vocabulary and his civic intuition make the practice well tempered to continue and develop a distinctive architecture in the cultural domains that we still call the city and indeed the rural. Each are different, but each are dependent upon the cultures which have shaped them and which therefore retain the potentiality of architectural gesture.

MARTIN STEINMANN

De edificios y personas
Of buildings and people

"Las fachadas de nuestros edificios son el resultado de nuestro interés por lo que los edificios pueden decir o hacer respecto al mundo que los rodea". Así comienza Tony Fretton una descripción de su trabajo o, más exactamente, del trabajo de Tony Fretton Architects, ya que, para él, la referencia a trabajo colectivo que sugiere el nombre de su estudio es importante. Quiero detenerme en esta frase porque resume en pocas palabras lo que él piensa de los edificios y lo que los propios edificios expresan, empezando por una casa para dos artistas en el barrio de Clerkenwell, Londres, que el arquitecto renovó sin necesidad de una intervención importante. La casa era un taller de varias plantas, con estancias iluminadas por grandes ventanales. Por ello, contrasta con el resto de los edificios de la calle, cuyas fachadas responden a la estética georgiana y en casi todos los casos están realizadas en obra de ladrillo visto, como las de esta casa, pero con dos ventanas de proporción vertical en cada planta.

¿Qué sentido tiene empezar un artículo sobre Tony Fretton con este edificio tan sencillo? Precisamente porque creo que su modestia es el paradigma del tipo de arquitectura o del modo de pensar la arquitectura que constituye su base. En la fachada que da al patio se conservaron las antiguas ventanas con sus dinteles de hierro. En la de la calle, sólo se modificaron ligeramente para mejorar sus proporciones con respecto a las casas vecinas,[1] sustituyendo los dinteles que, como el resto de la fachada, fueron revestidos con un enlucido de color

"The facades of our buildings result from our interest in what buildings can say or do in relation to the world around them." This is how a description by Tony Fretton begins of his own work, or, more precisely, a description of the work of Tony Fretton Architects—the aspect of working together suggested by this name is important to him. I want to look more closely at this sentence, which gets by with just a few words and which characterises Tony Fretton's descriptions of buildings and the buildings themselves, starting with a house in the London district of Clerkenwell which he renovated without doing a great deal to. The house served as a workshop consisting of several storeys, with rooms lit by large windows. Thus it contrasts with the other buildings on the street, which have Georgian facades, generally of exposed brickwork like this building, but with two vertical windows on each floor.

Why does an article on Tony Fretton's architecture start with this simple building? Because I find that its modesty is in fact a paradigm of such architecture or of the "manière de penser l'architecture" that forms its basis. On the courtyard side the old windows with their iron lintels were preserved, whilst towards the street they were only slightly altered to improve their proportions in relation to the neighbouring houses.[1] The lintels were replaced and, like the entire wall, plastered red and then given a black glaze. This is why these windows appear more abstract than those of the neighbouring houses, where

MARTIN STEINMANN (1942) es arquitecto y escritor. Licenciado en la ETH de Zúrich en 1967, fue miembro del Instituto de Historia y Teoría de la Arquitectura de Zúrich entre 1968 y 1978, y director de los archivos del CIAM. En 1979 presentó sus tesis sobre los congresos de preguerra del CIAM. Profesor en el MIT de Cambridge (Mass.) y en la ETH de Zúrich, director de la revista *archithese* (1980-1986), fundador del estudio arge baukunst junto a Irma Noseda en 1986, y profesor de la ETH de Lausana entre 1987 y 2007. Desde 1970 ha publicado numerosos textos sobre la arquitectura de los siglos XIX y XX, y sobre arte y arquitectura contemporáneos. Actualmente reside en Aarau.

MARTIN STEINMANN, born 1942, architect and writer; graduated from the ETH Zurich in 1967; member of the Institute for the History and Theory of Architecture in Zurich 1968-1978; director of the CIAM Archives, dissertation on the prewar congresses of the CIAM in 1979; teaching at MIT Cambridge (Mass.) and ETH Zurich; director of the magazine *archithese* (1980-1986); founded arge baukunst together with Irma Noseda in 1986; professor at the ETH Lausanne 1987-2007. Since 1970 publication of a great number of texts on the architecture of the 19th and 20th century and on contemporary architecture and art. Lives in Aarau.

[1] *Tony Fretton Architects. Selected works 2007*, portafolio del estudio.

[1] *Tony Fretton Architects. Selected works 2007*, office brochure.

rojo, y posteriormente con una capa de color negro. Esta es la razón por la que parecen más abstractas que las de las casas vecinas, donde los arcos adintelados de ladrillo sobre las ventanas hacen que la construcción resulte más legible.

Hablar de los edificios de Tony Fretton significa hablar de sus ventanas. Ello no significa que las estancias sean menos importantes, pero su carácter está determinado de forma decisiva por las ventanas. En los edificios de Fretton existen pocos "inventos" espaciales. Las estancias son sencillas, pero las ventanas les confieren interés, ya que establecen conexiones con el "mundo alrededor del edificio", algunas de las cuales son previsibles y otras no (a veces, Tony Fretton comenta el hecho de que una vez construido un edificio, adquiere una presencia que hubiera sido imposible anticipar).[2] Las ventanas generan relaciones con otros edificios, tanto con los que vemos en los alrededores como con los que hemos visto en otra parte y nos vienen a la memoria.

Las ventanas de la casa se distancian de la imagen que ofrecen las de los edificios de su calle para indicar cuál fue el origen del edificio: un taller (el significado se crea por asociación y disociación con aquello que conocemos, tal como ha señalado Victor Sklovskij). Como se ha comentado anteriormente, las ventanas se alteraron sólo ligeramente, pero el modo como se ha realizado hace referencia a esta imagen sin hacer suyos sus "componentes". Lo que sí hacen suyo —a través de la división en tres hojas de las ventanas de la primera y segunda planta— son las proporciones, que transmiten la misma sensación vertical que el conjunto de la ventana georgiana. Más adelante hablaremos de este efecto como "modelo de fuerzas visuales", empleando un término de Rudolf Arnheim.

Las nuevas ventanas no son sólo símbolos que indican la función anterior del edificio. En la década de 1930, su forma divida en tres partes, a medio camino entre una ventana apaisada y una ventana vertical, se convirtió en símbolo de un estilo de vida burgués culto. Así pues, la fachada del edificio reformado incorpora distintas imágenes, es decir, distintas experiencias que quedan preservadas a través de dichas imágenes, mientras que, por otro lado, las deja disponibles para que podamos experimentar —¿una vez más?— otras nuevas a través de ellas. Incitan la percepción de la ciudad como un palimpsesto.

La casa en Clerkenwell constituye un paradigma del pensamiento de Tony Fretton. Su forma de pensar se caracteriza por la atención con la que registra las peculiaridades de un lugar, no sólo desde el punto de vista estilístico y de la precisión con la que el arquitecto establece una relación con ellas, sino también porque lo hace con una gran economía. Y es precisamente el hecho de que esta modesta casa sólo ofrezca cuatro ventanas en un muro de ladrillo para hacer "arquitectura", lo que revela aquello que pueden significar las sutiles diferencias en la forma. Expresándolo en el lenguaje de Tony Fretton, revelan lo que pueden decir y hacer. Esta afirmación combina la percepción que transmiten los símbolos con una percepción "a este lado del símbolo" relacionada con las formas.[3]

Tony Fretton alcanzó reconocimiento de la noche a la mañana con la Lisson Gallery. Recuerdo perfectamente la fotografía de la fachada que vi en alguna publicación (entre 1991 y 1992 este edificio fue publicado en numerosas revistas). Y también recuerdo la sensación que me produjo: era como caminar por la calle en un mañana des-

[2] FRETTON, TONY, en *a+t*, *Materiales sensibles*, 14, 1999, pág. 120.
[3] STEINMANN, MARTIN, "Diesseits der Zeichen", en Lampugnani, Vittorio M.; Steinmann, Martin, *Stadtansichten. Diener & Diener*, catálogo de exposición, gta Verlag, Zúrich, 1998, págs. 42-51.

the flat brick arches above the windows make the construction legible. To talk about Tony Fretton's buildings means talking about their windows. This does not mean that the rooms are any less important, just that their character is decisively determined by the windows. There are few spatial "inventions" in his buildings. The rooms are simple, but what gives them excitement is the windows. They create different relationships with the "world around the building," some of them expected, some not (Tony Fretton has spoken at times of the fact that, once erected, a building has a presence that one could not have anticipated).[2] They create relationships with other buildings—those we see in the surroundings and those we've seen elsewhere, and which we're reminded of now.

The buildings on the street in Clerkenwell create an image that the workshop windows distance themselves from and thus indicate what the building was: a workshop (as Victor Shklovsky has stated, meaning is formed through association with and dissociation from what we know). The windows were, as has already been said, only slightly altered, but in such way that they relate to this image without taking up its "components". What they do take up—through the tripartite form on the first and second floors—are the proportions. These convey an upright impression, as the Georgian window does as a whole. We will come to speak about the effect of these things as "patterns of visual forces"—to use a Rudolf Arnheim term.

The new windows are not just symbols that refer to the building's previous function. In the 1930s the tripartite form, somewhere between a window "en longueur" and a vertical window, became a symbol of an enlightened bourgeois lifestyle. (On the first floor it provides light for a bathroom, but that need not worry the "man in the street"). And so the facade of the converted building introduces different images, that is to say different experiences, which are preserved in such images, while on the other hand making them available for different experiences that we can—once again?—have through them. They lead to a perception of the city as a palimpsest.

The house in Clerkenwell is paradigmatic in terms of the way Tony Fretton thinks, as I've already said. This way of thinking is typified by the attention he gives to the characteristics of a place—and not only the stylistic characteristics—and by the precise manner in which he relates to them, as well as by the economy with which he does this. Precisely because this modest house does not offer more than four windows in a brick wall for making "architecture", it reveals what the subtle differences in the form, or more precisely the gestalt, of these windows can mean. Or, to use the language of Tony Fretton, what they can say and do. This saying combines the perception conveyed by symbols and a perception "on this side of the symbol" relating to forms.[3]

Tony Fretton became famous overnight with his Lisson Gallery. I can remember the photograph of the facade I saw somewhere around 1991 or 1992, when this building was featured in different magazines. I can also recall the feeling I had: it was like walking onto the street on a clear, cold morning. I experienced the same feeling again when I saw the building for the first time in all its material reality a few weeks ago. I can imagine Tony gets tired of people always confronting him with this early work, when he has built so much else in the meantime. Nevertheless, I shall speak about it, as the Lisson Gallery cannot be too highly rated. This applies also to the influence on many young architects in England that it had at the time.

[2] FRETTON, TONY, in *a+t*, *Sensitive Materials*, 14, 1999, p. 120.
[3] STEINMANN, MARTIN, "Diesseits der Zeichen", in Lampugnani, Vittorio M.; Steinmann, Martin, *Stadtansichten. Diener & Diener*, exhibition catalogue, gta Verlag, Zurich, 1998, pp. 42-51.

De edificios y personas   Of buildings and people   Martin Steinmann

pejada y fría. Experimenté de nuevo la misma sensación cuando hace poco contemplé por primera vez el edificio en toda su realidad material. Comprendo que Tony esté cansado de que la gente le hable siempre de esta obra temprana, porque ha construido mucho más desde entonces. Pero, aún así, voy a hablar de ella, porque es imposible exagerar el valor de la Lisson Gallery, al igual que la influencia que ejerció en esa época sobre muchos arquitectos británicos jóvenes. Por este motivo, vuelvo a ella por lo menos para resaltar un aspecto que tiene que ver con las relaciones que un edificio establece con su entorno y, sobre todo, con la vida que se desarrolla tanto en su interior como en su exterior, y que influyen en nuestra percepción del edificio. En este sentido, las ventanas juegan un papel decisivo. Existe una fotografía de la Lisson Gallery que revela este aspecto con claridad. Muestra la sala inferior, que se encuentra por debajo del nivel de la calle, a través una ventana en la que se reflejan los obje-

Lisson Gallery, Londres, 1992.
Lisson Gallery, London, 1992.

© Chris Steele-Perkins/ MAGNUM Photos/Contacto

For this reason I return to it as regards at least one point. This has to do with the relationship a building establishes with its surroundings, and above all with the life that takes place inside and outside it, and which colours the way in which we see it. Here, windows can play a decisive role. There's a photograph of the Lisson Gallery that makes this role clear. It shows the lower room, which is below street level, seen through a window in which things are reflected. It is, like the upper space, "open to public inspection". The facade is restricted to the essential: two doors, one for the house, one for the gallery, and windows that can be slid open to allow larger works to be brought into the space. "In essence, the facade is made up of the activities inside and the reflections of the surrounding trees, buildings and sky," says Tony Fretton.[1] As the photograph shows, one can include the "activities outside" in his description: the things that happen on the street. In this way the facade is connected on a second level with

[1] Fretton, Tony, "Bauten und ihre Territorien", in werk, bauen+wohnen, 12, 2005, p. 20.

tos. Al igual que el espacio en la planta superior, se trata de algo público "expuesto a la vista". La fachada se limita a lo esencial: dos puertas, una para la vivienda y otra para la galería, y ventanas correderas que pueden abrirse para introducir obras de mayor tamaño. "En esencia, la fachada está formada por las actividades que se desarrollan en el interior, y los reflejos de los árboles, los edificios del entorno y el cielo", afirma Tony Fretton.[4] Como muestra la fotografía, es posible incorporar las "actividades del exterior", las cosas que suceden en la calle, en su descripción. De esta forma, la fachada está conectada en un segundo nivel con nuestra experiencia cotidiana, confiriendo una forma concreta al interés de Tony Fretton por aquello que los edificios pueden decir.

Tony Fretton sigue describiendo la fachada de forma sutilmente paradójica: las imágenes que muestran la galería y los edificios adyacentes permiten apreciar que las aberturas de la galería están definidas sólo con unas cuantas líneas que imitan las carpinterías de la vecina casa del siglo XVIII. La articulación de la fachada y el significado que expresa muestran un dominio excepcional de los medios formales marcados por la necesidad, que caracteriza la obra de Tony Fretton Architects. Inicialmente, estas obras consistían sólo en pequeñas intervenciones, en general, para dotar a edificios antiguos de lo necesario para desarrollar nuevas funciones. Y a menudo también, se trataba de encargos de amigos, dueños de galerías o artistas. Además de estos proyectos pequeños pero intensos y reconocidos, están sus proyectos para concursos. El hecho de que Tony Fretton sea invitado actualmente a participar en concursos en el extranjero es un reflejo de ese reconocimiento.

Las "obras continentales" se inician con una pequeña casa en Groningen en el año 2000. Su construcción estaba relacionada con las exposiciones que periódicamente se celebran en esta ciudad holandesa, para la que Bernard Tschumi construyó una *follie*. Tony Fretton aceptó este encargo con la condición de que pudiese proyectar algo útil. El examen que el arquitecto hace del emplazamiento confiere a su edificio el mismo el espíritu de sus primeras obras. Tiene la intención de corresponder al potencial formal y social del emplazamiento y "dialogar de una manera inventiva con la escala y la forma de los edificios alrededor".[5] Y, efectivamente, se aprecian muchas relaciones de ese tipo con edificios que vemos en la misma calle, pero también con otros que hemos visto en Holanda en cualquier otro lugar: por ejemplo, las ventanas de la última planta me recuerdan de forma inevitable la imagen del complejo Kiefhoek en Róterdam, donde existen franjas de ventanas similares. Este último, construido entre 1925 y 1929 por J. J. P. Oud, es uno de los proyectos terminados más sobresalientes de la "nueva arquitectura" en Holanda. Para mí, éste y otros recuerdos convierten al edificio en un complejo mensaje "holandés".

En este pequeño edificio —bastante expuesto debido al retranqueo de la calle—, el espacio de la planta baja está también abierto visualmente a los transeúntes. El vestíbulo alberga dos espacios para bicicletas en forma de armario renacentista, detrás de los que se encuentra la escalera que asciende a los apartamentos (una casa del siglo XVIII cercana tiene una disposición similar). El armario es importante, ya que revela los esfuerzos de Tony Fretton para facilitar que los espacios interior y exterior fluyan uno en el otro. Por la misma razón, los techos de las estancias en las plantas superiores

our daily experience, giving a concrete form to the interest in what buildings can say that Fretton has referred to.

Tony Fretton continues his description of the facade with a fine paradoxical phrase: on this scene—that is, on the images of the gallery and the street that are overlaid on the windows—the doors and windows are drawn, with just a few lines that imitate the store front of the neighbouring 18th-century house. The articulation of the facade and the meaning that it expresses show the exceptional command of formal means (prompted by necessity) that characterises the work of Tony Fretton Architects. Initially, these are small works that often consist of fitting out old buildings for new functions. And frequently they are commissioned by friends, gallery owners or artists. In addition there are the competition entries, before this small but intensive work finally achieves wider recognition. This recognition is also illustrated by the fact that Tony Fretton is now invited to take part in competitions abroad.

The "continental works" begin with a small house in Groningen in 2000. It was made in connection with exhibitions held periodically in this Dutch town, for which Bernard Tschumi built a folly. Tony Fretton accepted this commission on condition that he could design

[4] FRETTON, TONY, "Bauten und ihre Territorien", en *werk, bauen+wohnen*, 12, 2005, pág. 20.
[5] FRETTON, TONY, "Dos apartamentos en Groningen", en *a+t, Tony Fretton Architects*, 18, 2001, pág. 104.

Casa con dos viviendas, Groningen, 2001.
Building with two apartments, Groningen, 2001.

© Christian Richters

De edificios y personas   Of buildings and people   Martin Steinmann

Planta tercera.
Third floor.

Planta cuarta.
Fourth floor.

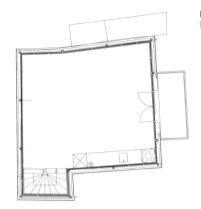

Planta baja.
Ground floor.

Planta primera.
First floor.

Planta segunda.
Second floor.

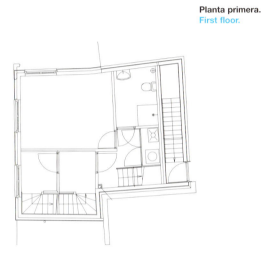
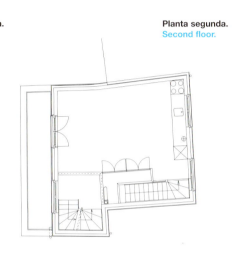

Casa con dos viviendas, Groningen, 2001.
Building with two apartments, Groningen, 2001.

© Christian Richters

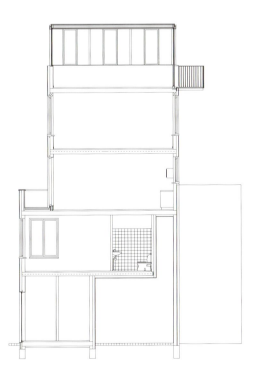

también son visibles desde la calle y explican la afirmación de Fretton acerca de la Casa Roja en Chelsea, Londres, construida más o menos en la misma época: "Como en una casa holandesa situada junto a un canal, o en un palacio veneciano [...], es posible ver desde la calle partes del techo, aunque no sean visibles las personas que están dentro".[6] De esta forma, la casa se convierte en un parte completamente natural del lugar.

Además del museo de arte de Fuglsang en Dinamarca, finalizado en el año 2007, el estudio está desarrollando proyectos de edificios urbanos en Holanda y Dinamarca que difieren de los proyectos iniciales de su carrera en su modo de ejecución. Ahora la construcción está en manos de grandes empresas constructoras, y por ello exige una definición diferente de los proyectos. Lo que caracteriza a estas obras es un intenso examen del "hacer" —tal y como demuestran los hermosos bocetos de detalles constructivos de Tony Fretton—, ya que el modo como se construyen supone un desafío especial. ¿En estas condiciones, cómo es posible preservar los valores que transmiten las cosas a través de la forma en que están hechas?

Los proyectos en Ámsterdam forman parte de desarrollos urbanísticos nuevos y de gran escala donde el entorno ofrece escasas huellas históricas; un aspecto que abordaremos más adelante. En cambio, en Copenhague la situación es completamente diferente. El edificio que Tony Fretton construirá en dicha ciudad está determinado en gran medida por su emplazamiento. En este sentido, podemos establecer un paralelismo con el proyecto de la casa para dos artistas en Clerkenwell, aunque en este caso el entorno es mucho más complejo. El edificio completa una actuación neobarroca de 1894 desarrollada entorno a la monumental Frederiks Kirke (o Iglesia de Mármol). En su momento, el promotor Tietgen no fue capaz de adquirir una serie de sencillos edificios que completarían la promoción, por lo que acabó siendo sólo un fragmento. Ahora, la parte estratégicamente más importante será reemplazada por un proyecto que establece una compleja relación con el edificio situado al otro lado de la calle, Frederiksgade.

Tony Fretton plantea esta fachada, articulada en tres o cinco vanos, de una forma que él describe como abstracta: "Las partes macizas y las aberturas definen una geometría muy acusada. Están planteadas como marcos dentro de los que se colocan los vidrios y las logias. Ello les confiere una expresión abstracta".[7] La precisión de su ejecución resulta especialmente hermosa en los dos lados opuestos. Hacia Frederiks Kirk el edificio es más estrecho que el antiguo; en este lado, una terraza posibilita una ampliación de la fachada a tres vanos con la misma anchura que el edificio antiguo. Por el contrario, hacia Store Kongengsgade, los tres vanos son más estrechos y se corresponden con el ritmo de las fachadas de esta calle. La fachada parece más modesta porque las ventanas son más estrechas y los paños macizos difieren de las proporciones de las pilastras (y en este sentido, es muy diferente del edificio neobarroco vecino).

La diferenciación entre ambos lados, que se deriva de las características del entorno, se extiende también a los materiales. La planta baja está ejecutada de forma convencional como un zócalo que llega hasta la parte inferior de las ventanas de la primera planta. En Frederiksgade está revestida con piedra arenisca y en Store Kongengsgade está enlucida en el mismo color que dicha piedra. Las plantas superiores de esta fachada más modesta están enlucidas en color gris claro, como muchos

[6] FRETTON, TONY, "Bauten und ihre Territorien", ob. cit., pág. 23.
[7] FRETTON, TONY, "Bauten und ihre Territorien", ob. cit., pág. 26.

something useful. Through its examination of the location his building continues the spirit of earlier works. It is intended to correspond with the formal and social potential of the location and to "work inventively with the scale and form of the surrounding buildings."[5] And indeed many such relationships can be noted with the buildings we see in the same street but also with those we have seen elsewhere in Holland. For instance, the yellow windows on the top floor inevitably remind me of the Kiefhoek Estate in Rotterdam, where there are bands of such windows. Built between 1925 and 1929 by J. J. P. Oud, this is one of the outstanding examples of "New Building" in Holland. These and other memories convert the building (for me) into a complex "Dutch" message.

In this small building, which due to the way the alignment of the street is stepped back, is quite exposed, the space at ground-floor level is also open to public inspection. It contains two rooms for bicycles that have the form of a Renaissance cabinet placed in the hall, behind which the stairs lead up to the apartments (there is a similar arrangement in a nearby 18th-century house). The cabinet can be seen in a drawing which is important as it expresses Tony Fretton's efforts to allow indoor and outdoor space to flow into each other. For the same reason the ceilings in the upper rooms are visible. They explain his statement about his Red House in Chelsea, which was built around the same time: "As in an Amsterdam townhouse on the canal or in a Venetian palace [...] parts of the ceiling can be seen from the street, whereas one cannot see the residents."[6] In this way the house becomes an entirely natural part of the location.

In addition to the art museum in Fuglsang in Denmark, which was completed in 2007, there are several designs for urban buildings in Holland and Denmark that differ from the earlier works in the way they are executed. The construction is now in the hands of big contractors and as a result they demand a different kind of design. An intense examination of "making" characterises these works, and—as is shown by Tony Fretton's beautiful construction sketches—this kind of execution presents a particular challenge. How, under these conditions, can one preserve the values that things convey through the way they are made?

In Amsterdam these designs are for large new developments where the surroundings offer few historical traces—something we will talk about later. In Copenhagen the situation is entirely different. The building Tony Fretton Architects will erect there is largely determined by its setting. In that sense it relates to a work such as the house in Clerkenwell, but here the surroundings are far more complex. It completes a Neo-baroque development dating from 1894 that forms an urban space occupied by the monumental Frederik's Church. At the time, Carl Frederik Tietgen, the magnate, was unable to acquire a number of individual buildings so that his overall development remained in a fragmentary state. The strategically most important of these buildings will now be replaced by a design that relates in a complex way to the building on the other side of the street, Frederiksgade.

Above a storey-high plinth, the facades of this building have tall pilasters that articulate the three floors into three and five sections. Tony Fretton takes up this facade in a manner that he describes as abstraction: "The pilasters and the windows are strongly geometrised. They are made as frames that are filled with windows. This gives the

[5] FRETTON, TONY, "Building with two apartments in Groningen", in a+t, Tony Fretton Architects, 18, 2001, p. 105.
[6] FRETTON, TONY, "Bauten und ihre Territorien", op. cit., p. 23.

edificios neoclásicos de Copenhague; en Frederiksgade, por el contrario, están revestidas con piezas de hormigón prefabricado ejecutado con árido procedente de piedra arenisca. Estas piezas, cuya altura es de una planta, son de un color distinto para conferir al edificio una segunda escala, tal y como afirma Fretton, a la que se podría denominar escala del "construir", puesto que hace visible la tectónica. La quinta planta, retranqueada y de caliza azulada, adopta el color de las pesadas cubiertas del entorno.

La forma del nuevo edificio está pues determinada por su entorno, especialmente por la urbanización de Tietgen. Aunque las viviendas estén inscritas en su forma, no la explican: interior y exterior conservan cierta independencia. Sus ventanas no están determinadas por el interior, por la naturaleza de los espacios, sino por el exterior. Este hecho es evidente sobre todo en los baños de dos viviendas contiguas, que en todas las plantas comparten una de las ventanas a Frederiksgade. Al peatón no le preocupa el hecho de que estas grandes ventanas sólo sirvan a los baños. La independencia antes mencionada, sin embargo, tiene poco efecto en este caso, porque el edificio es pequeño y ofrece un abanico de distribución de las plantas limitado, aunque se han aprovechado muy bien para adaptarlas a las distintas orientaciones de las viviendas. En cualquier caso, el edificio posee un valor paradigmático precisamente por la separación de las condiciones interiores y exteriores.

Los proyectos para Ámsterdam en los que trabajan actualmente Tony Fretton Architects ilustran la importancia de esta separación como condición previa de una arquitectura decididamente urbana. Pero sigamos un poco más con el edificio de Copenhague, en concreto con sus ventanas, que ocupan todo el espacio existente entre los paños macizos. Se trata del mismo tipo de ventanas que las de la casa en Clerkenwell. Dos hojas batientes estrechas en los extremos de metal, con pequeños orificios que permiten la ventilación, definen la composición de unas ventanas que adquieren una especie de naturaleza de objeto; forman una capa interior de la pared que es visible detrás de la capa exterior de hormigón, del mismo modo que la camisa se ve al final de las mangas del jersey. En la planta superior no se han instalado estas hojas, al igual que en la casa de Londres, por lo que este nivel es como un mirador desde el que puede contemplarse lo que hay más allá de la ciudad.

Tony Fretton se ha referido a las distintas formas de abstracción que constituyen la base de su trabajo. Desde mi punto de vista, se trata de un proceso en el que las características del edificio se generalizan hasta el punto de que pueden utilizarse sin que den la sensación de que se hace de una forma literal. La abstracción es decisiva para el pensamiento, y consiste en ignorar gradualmente las cualidades de un objeto que no tienen importancia para su existencia como tal. En el mirar —que es un tipo de pensamiento y al que Rudolf Arnheim se ha referido como "pensamiento visual"— la abstracción está presente desde el inicio. "Ver significa captar una serie de características fundamentales de un objeto", escribe Arnheim.[8] Estas características permiten que el objeto se muestre como un modelo de fuerzas visuales, al que ya he hecho referencia, modelo que determina su expresión.

En el caso del edificio neobarroco, se trata de una expresión monumental de la que son responsables fundamentalmente las pilastras que se extienden a lo largo de tres plantas. El nuevo edificio repite el modelo conformado por las pilastras, al menos en parte, pero lo hace

facades an abstract expression."[7] The precision with which this is done is particularly beautiful on the two different sides. Towards Frederik's Church the new building is narrower than the older one; a terrace at the side makes it possible to widen its facade to three sections of the same width as the old building. By way of contrast, towards Store Kongensgade the three sections are narrower and correspond to the rhythm of this particular street. The facade seems more modest because, due to the narrower windows, the wall does not look like a pilaster (and in that respect it differs strongly from the Neo-baroque building).

The differentiation of the sides, which is derived from the characteristics of the surroundings, extends to the materials as well. The ground floor is constructed in the familiar way as a plinth that extends to below the windows of the first floor. On Frederiksgade it is clad with sandstone slabs; on Store Kongensgade it is rendered in the same colour as this stone. The upper floors on this more modest street are rendered pale grey, like many Neo-classical buildings in Copenhagen; on Frederiksgade, however, they are clad with prefabricated concrete elements to which sandstone particles were added. The storey-high elements vary in colour in order to give the house a second scale, as Tony Fretton puts it. One can call this the scale of "constructing", because it makes the tectonics visible. The recessed fifth floor of blueish limestone takes up the colour of the weighty surrounding roofs.

The form of the new building is determined, then, by its surroundings, particularly by the Tietgen development. The apartments are inscribed within it, but they do not explain the form: inside and outside maintain a certain independence. The apartments have windows that are determined not by the interior, by the nature of the spaces, but by the exterior. This is shown above all in the bathrooms of the two apartments on each floor that share one of the windows giving onto Frederiksgade. The casual passer-by is hardly concerned by the fact that these large windows only serve the bathrooms. The independence mentioned above has little effect here, however, since the building is small and offers little scope for different floor plans, albeit that the scope available is well used to adapt the floor plans to the differing orientation of the apartment. Nevertheless, the building has a paradigmatic value precisely through its separation of external and internal conditions.

The designs for Amsterdam that Tony Fretton Architects are presently working on illustrate the significance of this separation as a precondition for a clearly urban architecture. But let us stay for another moment with the building in Copenhagen, more precisely with its windows, which take up the entire space between the pilasters. They are of the same kind as the windows in the house in Clerkenwell. Two narrow side casements of metal (like the frames) prepare the windows (the side casements have small holes and serve as ventilation). The windows thus have a kind of object-like quality; they form an inner layer of the wall that is visible behind the outer layer of concrete, in the same way that a shirt is visible beneath the sleeves of a sweater. On the uppermost floor these casements are again omitted, as in the London house, so that this level is like a belvedere from which one can look out over the city.

Tony Fretton has spoken in different ways about the abstraction that forms the basis for his work. I understand it as a process in which the

---

[8] ARNHEIM, RUDOLF, *Art and visual perception. A psychology of the creative eye* [1954], University of California Press, Berkeley, 1974; (versión castellana: *Arte y percepción visual. Psicología del ojo creador*, Alianza, Madrid, 2002, 2ª ed.).

[7] FRETTON, TONY, "Bauten und ihre Territorien", op. cit., p. 26.

con "otras palabras"; es decir, con un lenguaje arquitectónico emancipado del ornamento que puede emplearse con distintas asociaciones. Más adelante hablaremos de este efecto de la abstracción. Respecto a la expresión de este edificio, me gustaría comentar una sola cosa más. Mientras que las ventanas del edificio antiguo parecen estrechas y apretujadas debido a las pilastras, en el nuevo son anchas; de esta forma responden a las pilastras y equilibran la fachada para mitigar su expresión monumental.

El equilibrio entre las fuerzas verticales y horizontales es todavía más acusado en las fachadas de los edificios que Tony Fretton Architects ha proyectado para el emplazamiento del antiguo hospital Andreas. Esta área es contigua a la zona oeste de Ámsterdam, formada por edificios residenciales de ladrillo que datan de la década de 1920. Los edificios forman parte de una zona de nueva creación muy densa cuyo planeamiento ha sido realizado por otros arquitectos. Además de los materiales —ladrillo danés de color gris claro—, este equilibrio de fuerzas es responsable de la serenidad que transmite el edificio. No se trata de una actitud modesta, sino de la serenidad con que esperan acoger la vida que se superpondrá a su propio orden con sus signos. Creo que se acercan a la actitud que Tony Fretton atribuye a las obras de Alison y Peter Smithson que, según el arquitecto, muestran "cómo una arquitectura a escala urbana puede ser proyectada con seriedad artística".[9]

Más adelante examinaré estos cinco edificios, representativos de otros proyectos en Ámsterdam, que con una sola excepción consisten en volúmenes sencillos de planta baja más cuatro plantas piso y dos niveles más, retranqueados, en la parte superior. Los paños macizos de la fachada y los cantos de los forjados revestidos con ladrillo, junto con las anchas ventanas, conforman las fachadas que envuelven el volumen de forma regular. En las dos últimas plantas los elementos estructurales son de hormigón gris oscuro. Las ventanas, cuyas carpinterías son de aluminio y están colocadas en la cara interior de la pared, siguen una estricta matriz que permite cierta libertad a la hora de colocar los tabiques interiores. Los balcones —de hormigón y con barandillas de hierro— consisten en amplios voladizos que animarán las fachadas con sus "signos de vida", como las bicicletas que los holandeses acostumbran a guardar en su balcón.

Las grandes ventanas de estos edificios recuerdan a los edificios comerciales de Londres construidos en el siglo XIX y que en la actualidad no suelen utilizarse para su función original, sino como oficinas, estudios profesionales —el estudio de Tony Fretton Architects está en un edificio de este tipo— o viviendas. Su estructura es sencilla: están formados por fachadas de ladrillo, reducidas a pilastras por la presencia de las ventanas, y pilares de hormigón en el interior. Este sistema permite una libertad considerable de distribución de la planta que posibilita adaptarla a necesidades cambiantes. Este es el motivo por el cual estos edificios tienen tanta demanda, y explica también por qué constituyen un modelo de espacio habitable en una sociedad en la que los estilos y las formas de vida son cada vez menos generalizables. Mucho antes de 1927, estos edificios incorporaban lo que Ludwig Mies van der Rohe comentó sobre su bloque de viviendas en la Weissenhof Siedlung: "Si nos limitamos a configurar sólo el baño y la cocina como espacios constantes, debido a sus instalaciones, y optamos por dividir el resto de la superficie habitable con paredes móviles, creo que se puede satisfacer cualquier requisito de habitabilidad".[10]

characteristics of a building are generalised to such an extent that they can be used without looking like quotations. Abstraction is decisive for thought. It consists of us gradually disregarding the qualities of an object that are of no significance for its being. In looking—which is a kind of thinking; Rudolf Arnheim has therefore used the term "visual thinking"—it stands at the beginning. "Seeing means grasping a number of striking features of an object," he writes.[8] These features allow the object to appear as a pattern of visual forces, as I have already said, and this pattern determines its expression.

In the case of the Neo-baroque building, it is a monumental expression for which the pilasters that extend across three storeys are primarily responsible. The new building repeats the pattern that they form, at least in part, but it repeats it "with different words", namely with architectural words which, emancipated from ornament, are available for various associations. We will come to speak about this effect of abstraction. As regards this work, I wish to make one more statement. Whereas the windows of the old building are narrow and seem cramped on account of the pilasters, in the new building they are wide. In this way they answer the pilasters and bring the facade into a balance that undermines the monumental expression.

The equilibrium between vertical and horizontal forces is even more marked in the facades of the buildings that Tony Fretton Architects have designed for the site of the former Andreas Hospital. This area borders on the large, brick-built apartment blocks, dating from the 1920s, that make up Amsterdam West. The buildings are part of a dense development planned by other architects. In addition to the material—light-grey Danish brick—this balance is responsible for the serenity conveyed by the building. It is not with modesty but with serenity that they await the life that will overlay their order with its signs. I think they come close to the attitude that Tony Fretton attributes to the works of Alison and Peter Smithson, which, he says, show "how an urban scale of architecture and a position could be laid out with artistic seriousness."[9]

Below I will deal with these five buildings, which are representative of other designs in Amsterdam, and which, with one exception, are simple five-storey volumes with, on top, a further two recessed floors. Brick-clad piers and floor slabs, together with wide windows, form the facades that are wrapped regularly around the building. On the two uppermost floors the loadbearing elements are of dark-grey concrete. The windows are recessed, their frames are of aluminium and they are partitioned in such a way that the internal walls can be placed in different positions. Balconies—of concrete, with iron railings—project a long way out from the facade. They will animate the facades with their "signs of life", including the bicycles people in Holland like to keep on their balconies.

With their broad windows, these houses recall commercial buildings of the kind one frequently encounters in London. Built in the 19th century, such buildings are rarely used today for their original purpose, but as offices, studios—Tony Fretton Architects is also based in one of them—or apartments instead. Their structure is simple: they consist of external brick walls reduced to piers by the windows, with concrete piers internally. This system allows considerable freedom in laying out the floor plans and in adapting to changing requirements. This explains why such buildings are sought after, just as it also explains why they serve as a model for living in a society in which

---

[9] FRETTON, TONY, "The Smithsons", en L'architecture d'aujourd'hui, vol. 11, 2002.
[10] MIES VAN DER ROHE, LUDWIG, "Zu meinem Block", en Bau und Wohnung, Deutscher Werkbund, Stuttgart, 1927, pág. 77; (versión castellana: "Sobre mi bloque de viviendas", en Neumeyer, Fritz, Mies van der Rohe. La palabra sin artificio. Reflexiones sobre arquitectura 1922/1968, El Croquis Editorial, Madrid, 1995, pág. 396).

[8] ARNHEIM, RUDOLF, Art and visual perception. A psychology of the creative eye, University of California Press, Berkeley, 1974 [1954].
[9] FRETTON, TONY, "The Smithsons", in L'architecture d'aujourd'hui, vol. 11, 2002.

lifestyles and life forms are becoming increasingly individualised. Long before 1927 these buildings incorporated what Ludwig Mies van der Rohe said of his block on the Weissenhof Estate: "If one restricts oneself to making just the kitchen and bathroom as constant spaces and if one additionally decides to divide up the remaining area with partitions whose position can easily be changed, I believe that with these means it is possible to meet every reasonable demand in housing."[10]

The loadbearing structure of the buildings in Amsterdam is not formed by piers but by cross walls that divide up the floor area in an extremely rigid way. However, the apartments confirm that one can make so many openings in such cross walls that very different layouts can be produced—in response to the demands of the market. In this approach the floor plans are inscribed in the structure in a highly pragmatic way and are determined more by the investors than by the architects. This is nothing new in Amsterdam: in the districts created in the 1920s in the course of the expansion of the city, representatives of the Amsterdam School such as Michel de Klerk or Pieter Kramer also had to make do with designing just the facades, something which, however, makes streets like Vrijheidslaan in Amsterdam South such unforgettable urban spaces.

The buildings that Tony Fretton Architects erect in Amsterdam will have a decisively urban character. What I have said elsewhere about buildings by Diener & Diener is true of them as well, i.e. that they are "architecture for the city."[11] There, I was alluding to the important article by Bernard Huet, who described buildings that behave as works of art as "architecture against the city." I am in no way questioning the architectural value of the buildings of the Andreas area, but I describe it as a value that results from the city as a common place. The city, it is said there, is the place of convention: "It determines the rules of social significance. Therefore the city is, of its nature, conservative. It opposes changes that would create a crisis for the conventions on which it is founded."[12] This, however, is exactly what "inventions" do.

The buildings of Tony Fretton Architects do not amaze us by their inventiveness, although they do by the way in which they expand conventions so that they seem familiar to us and yet not. They open up a rich play of associations in which they again become familiar to us. "The facades of our buildings result from our interest in what buildings can say or do"—I return to this statement by Tony Fretton. Messages are based on a code, which, in the case of the city, consists of experiences that we have had in it. When we look at buildings, we relate them to these experiences: they provide us with a code that enables us to understand what these buildings "say".

I do not wish to maintain that the buildings for the Andreas site quote from the commercial buildings I have mentioned. The restriction of the building structure to narrow walls and wide windows leads me to think of the serene quality of these buildings, which I take to be particularly urban. It is from these that I read the buildings of Tony Fretton Architects as an expression of an urban quality. Naturally, the forms have changed along with the changes in the means of construction, but not the spirit that determines them. One could call this objectivity. It gives the buildings a certain strength, even in the drawings, that is fed by the memory of 19th-century commercial buildings. But something else happens: we see old buildings with new eyes.

---

[10] MIES VAN DER ROHE, LUDWIG, "Zu meinem Block", in *Bau und Wohnung*, Deutscher Werkbund, Stuttgart, 1927. (English version: *The artless word, Mies van der Rohe on the building art*, The MIT Press, Cambridge (Mass.), 1991).

[11] STEINMANN, MARTIN, "L'architecture de Diener & Diener, une architecture pour la ville", in *Faces*, 41, 1997, pp. 2-3.

[12] HUET, BERNARD, "L'architecture contre la ville", in *AMC*, 14, 1986, pp. 10-13.

When I was in London a short time ago to prepare this article, I was particularly struck by these commercial buildings, which as I see it resemble the buildings by Tony Fretton Architects in Amsterdam. The sociologist Arnold Hauser has described the relationship between old and new that has come about here, as follows: "The new results from the old but the old changes continuously in the light of the new." [13] Here, abstraction plays a decisive role. It consists of bringing the images—the buildings that are used as images in designing—back to general features that create a pattern, so that observers can make them their own.

This artistic necessity converges in the "continental works" with the need to come up with a simple design for the buildings for both technical and economic reasons. Hence their expression is largely dependent upon their proportions. Again, Ludwig Mies van der Rohe comes to mind, when he said in 1931, at a difficult time, that the artistic is expressed in the proportions of things.[14] And indeed, the proportions in works such as the buildings on the Andreas site are of great importance for the serene and urban quality that they convey. The grey colour of the bricks that form the envelope contributes to this effect, not least through their difference to the "usual" yellow colour of the bricks employed in other buildings in the development (the intention is to position these apartments on the market as "different" and the grey bricks seem a good way of conveying such values).

In other words, this architecture is, despite its limitations, decidedly material. It exerts its effect through the materials of which it is built. It has this in common with the anonymous urban architecture of the 19th century. The restriction to simple forms brings the sensuality of the materials into play. It is therefore not surprising that in the studio in Clifton Street there are sample materials lying around everywhere, brought together for individual designs, for example light-grey brick, as already mentioned, light-grey-blue aluminium, light-grey-green, acid-washed concrete—these will give the buildings on the Andreas site an expression that is determined by subtle colour differences.

The phrase "these will" illustrates a problematic point in my reflections on Tony Fretton's architecture. This has to do with the fact that the buildings I have described here as "continental works" have, with one exception, not yet been built and will only achieve their full effect when we can experience them physically. This is not a truism. Works certainly do exist that were intended to illustrate a concept; for example the two houses by Le Corbusier and Pierre Jeanneret on the Weissenhof Estate. (Le Corbusier used this opportunity to formulate his "Five points for a new architecture"). This is not the case here. With these buildings the issue is not the concept on which their appearance is based, but the appearance itself, or, as Tony Fretton has said, their power to arouse feelings.

At the moment, we can only imagine this affective power, for the buildings exist only on paper, but we can do this because they refer to experiences we have already had with other buildings. The feelings that the buildings arouse will be different, but they will be related to these experiences. Thus it is also clear that the buildings "say" something, as they bring our experiences into play, and that what they "say" is our personal interpretation. This also applies to the architect himself, but "it is crucial to understand that personal interpretation, however inevitable, is not an end in itself. A building is for other people to understand." [15] Others, that is we ourselves, understand them

---

[13] HAUSER, ARNOLD, *Kunst und Gesellschaft*, Beck, Munich, 1973, p. 103 pp. 374-375. (English version: *The artless word. Mies van der Rohe on the building art*, The MIT Press, Cambridge (Mass.), 1991).

[14] MIES VAN DER ROHE, LUDWIG, 1931 radio talk, in Neumeyer, Fritz, *Mies van der Rohe. Das kunstlose Wort. Gedanken zur Baukunst*, Siedler, Berlin, 1986,

through the fact that their forms, materials and colours function like signs. But they are open signs and it is precisely the goal of what Tony Fretton calls abstraction to keep them open, so that they remain available for different experiences.

These remarks are equally applicable to the two "continental works" I have omitted here, because as commissions they go beyond the daily experiences that I have described as "urban". This applies particularly to the building for the British Embassy and the British Ambassador's Residence in Warsaw. (The first design was abandoned and a second commission was given for the embassy only, in a different area of the city). A commission of this kind raises questions that Tony Fretton developed step by step in a lengthy description of the first design. His conclusion, however, is valid for his architecture in general: "What interests me as a designer is the way the objects, including buildings, are originated and gain meaning from the things that preceded them, how they are transformed in use and in people's imagination and how they play a part in the world of ideas, experience and appearance in making sense of the times."[16] This says in just a few words what I have said here in many.

---

[15] SCALBERT, IRÉNÉE, "Interview with Tony Fretton", in *a+t, Tony Fretton Architects*, 18, 2001, p. 156.
[16] FRETTON, TONY, "Architecture and representation", in *Oase*, 65.

Casa Roja, Londres
The Red House, London

1998-2000

Desde la época medieval, Chelsea se convirtió en un refugio de reyes y ministros, un pequeño pueblo rodeado de grandes obras, algunas de las cuales se encuentran cerca de la Casa Roja.
El Chelsea Physic Garden, creado en el siglo XVII para cultivar plantas medicinales, se encuentra cerca de la casa, junto a Dilke Street, y los terrenos del jardín trasero del Christopher Wren's Royal Hospital llegan hasta su jardín. Desde la fachada delantera de la casa, a lo largo de Tite Street, también se tienen vistas oblicuas del río Támesis, que durante mucho tiempo fue la vía de comunicación desde el centro de la ciudad y hacia ella.

La construcción de muros de contención junto al río durante el siglo XIX trajo consigo la aparición de terrenos urbanizables y la creación de una conexión viaria con el corazón de Londres. Chelsea se convirtió en un barrio residencial en boga para artistas y escritores, en particular Tite Street, donde Oscar Wilde y James Whistler establecieron su residencia. Tite Street se urbanizó sin ningún tipo de planificación específica. Los estudios que los arquitectos de moda en el momento construyeron para los artistas no establecían referencias con otros proyectos parecidos en las cercanías, y los promotores inmobiliarios colmataron los solares intermedios con casas y edificios de viviendas de calidad mediocre. Esta forma de producir edificios con los que obtener visibilidad y beneficios, en la que el bien común tiene un papel secundario, es una manifestación de los aspectos más interesantes y al mismo tiempo más despreciables de la sociedad británica, opinión que Wilde habría compartido.

En una casa de alquiler de diseño mediocre, rodeada de interiores pintados por Whistler, Oscar Wilde escribió su obra más célebre y se enfrentó al escándalo. El estudio de Whistler, situado en el solar contiguo de la Casa Roja, fue sometido a una transformación brutal por las autoridades municipales y vendido para hacer frente a la bancarrota del artista antes de que éste pudiese ocuparlo. En la década de 1960, el estudio se derribó, y en su lugar se construyó una casa de estilo contemporáneo, cuyas fachadas se reformaron en la década de 1990, acabando por conformar un *pastiche* de estilo clásico del XVIII. Dada su asombrosa similitud con su propio programa político, la antigua primera ministra conservadora Margaret Thatcher, valoró la posibilidad de convertir esta casa en su residencia londinense. Todas estas descripciones demuestran que sea cual sea el origen de un edificio, adquiere su significado gracias a los acontecimientos públicos y a la experiencia privada. Una vez que se acepta este hecho, es posible proyectar nuevos edificios que formen parte de dicho proceso. La Casa Roja supone un intento de generar una arquitectura contemporánea comunicativa gracias a la reflexión sobre edificios existentes, sobre su uso y su significado. También se pretende alcanzar un objetivo colectivo más amplio a través de establecer relaciones llenas de significado entre la casa y su entorno físico, entendido este último tanto en cuanto a edificios y espacio vacío como en lo relativo al perfil y las alineaciones de la calle.

La tribuna situada en el centro de la fachada responde a cuestiones que, en sí, son casuales, como la curva de la calle donde está situada la casa y la calle que desemboca en perpendicular justo frente a ella. La fachada está formada por un plano en planta baja que alberga las entradas, y un plano principal retranqueado respecto al primero. Ambos responden a las distintas alineaciones de sendas casas situadas a cada lado.

La Casa Roja muestra discretamente su interior a la calle, al igual que una casa holandesa situada junto a un canal o un palacio veneciano. El acceso se realiza a través de un patio situado detrás del plano de fachada en planta baja, que conduce a un vestíbulo de entrada de doble altura en el interior de la casa. En el vestíbulo, la experiencia de la ciudad queda atrás para dejar paso a las vistas de la vegetación del patio de entrada y del jardín posterior. Tras el vestíbulo se encuentran la sala de estar y la cocina, que dan al jardín, y un comedor en un volumen rodeado de abedules plateados que sobresale de la casa, y cuyo techo está decorado.

Desde el vestíbulo de entrada, una escalera ceremoniosa conduce a la estancia principal en la primera planta, que consiste en un espacio de doble altura donde se exponen cuadros y esculturas. Las ventanas altas de esta sala enmarcan las vistas de los terrenos del Royal Hospital, a uno de los lados, y de la calle, al otro. La tribuna ofrece vistas oblicuas del río Támesis.

Una escalera más pequeña, ubicada informalmente en una esquina de este salón, casi como si se hubiese añadido en una reforma, desciende al comedor, de tal forma que es posible recibir a los invitados en la gran sala antes de la cena, o bien celebrar una reunión informal en el jardín y el comedor para después subir a la zona de exposición.

Junto al gran salón se abre una pequeña sala de estar desde cuyo balcón se puede descender directamente al jardín por medio de una estrecha escalera exterior.

Encajado en la doble altura de la primera planta, sobre el vestíbulo de entrada y la pequeña sala de estar, se ha ubicado un estudio que ocupa toda la profundidad de la casa y disfruta de vistas del Royal Hospital y de la calle. Los dormitorios de la tercera planta están configurados como pabellones alrededor de un invernadero tropical y de la densa vegetación del patio. La presencia de la naturaleza es manifiesta en toda la casa y está reforzada por la sensualidad de la caliza roja del revestimiento exterior.

En este proyecto, los temas formales del edificio fueron los que definieron la intervención, que posteriormente se ajustaron a la ubicación. Las estancias se proyectaron de forma que invitasen al uso sin fijar una función predeterminada, para capturar la belleza inesperada que existe en las relaciones casuales y las disposiciones no estéticas.

En el proyecto están presentes los edificios que me han interesado, como el palacio de

Urbino, las casas holandesas y flamencas donde las ventanas sobrepasan la superficie de la mampostería, el inmueble Clarté de Le Corbusier en Ginebra, la villa La Malcontenta de Palladio, muchos edificios de Álvaro Siza, y otros edificios de arquitectos que están en activo en este momento.

Para mí todos ellos existen en el presente, revelando siempre su radicalidad y su capacidad de entablar un diálogo con el núcleo de la experiencia humana.

From medieval times Chelsea was a retreat for kings and ministers, and has been a small village surrounded by greater works, some of which are in the vicinity of the Red House. Chelsea Physic Garden, established in the 17th century for the cultivation of medicinal plants, is close to the house along Dilke Street, and the grounds of Christopher Wren's Royal Hospital extend up to the back garden. The River Thames, which for a long time provided the means of transportation from the city centre, can be seen obliquely along Tite Street from the front of the house. Embanking the river in the late 19th century produced land for development and a road link to the heart of the city. Chelsea became a fashionable residential district for artists and writers, especially Tite Street once Oscar Wilde and James Whistler took up residence there.

Tite Street was subject to no ordered plan. Fashionable architects built studios for fashionable artists without reference to similar projects nearby, and developers filled in the gaps with indifferently designed houses and apartments. This way of providing buildings for profit and display with only an incidental sense of common benefit is a manifestation of all that is both interesting and contemptible in British society that Wilde would have understood.

In a rented house of indifferent design, surrounded by interiors painted by Whistler, Oscar Wilde wrote his most famous work and faced disgrace. Whistler's studio, which stood on the site to the left of where the Red House is now, was subjected to brutal change by the municipal authorities and sold before he could occupy it to settle his bankruptcy. In the 1960s the studio was torn down and replaced with a house in contemporary style. In the 1990s this house was fitted with pastiche 18th-century classical facades and, with its uncanny similarities to her own political programme, came under scrutiny from former Conservative Prime Minister Margaret Thatcher as a possible London residence.

These descriptions show that however buildings originate, their meaning is given by public events and private experience. Once this is accepted it becomes possible to design new buildings as part of that process. By reflecting on buildings that already exist, how they are used and what they mean, there is an attempt

in the Red House to make communicative contemporary architecture, and by establishing meaningful relations between the house and its physical surroundings, from buildings and open spaces to the shape and alignment of the street, to give it a wider collective purpose.
A bay window in the centre of the facade gives significance to the curve in the road and another road joining it at right angles in front of the house, things which occurred by chance. The facade consists of a screen wall at the edge of the pavement that contains the entrances, with the main facade behind it set back from the road. These two elements align with the different planes of the houses on either side.
Across the space that is created, the Red House discreetly shows its interior to the public street, like a Dutch canal house or Venetian *palazzo*. The house is entered through a court behind the screen wall leading to a two-storeyed entrance hall within the house. In the hall the experience of the city gives way to views of the planted entrance court and walled garden behind the house. Beyond the entrance hall are the living room and kitchen, which look out to the walled garden, and a dining room with a painted ceiling that projects from the house and is surrounded by silver birch trees.
From the entrance hall a formal staircase leads up to the principal room in the house, a double-height space at the first floor, which provides a setting for paintings and sculpture. In this room tall windows frame views across a balcony to the Royal Hospital grounds on one side and to the street on the other, and the bay window reveals oblique views of the Thames.
A smaller-scaled stair that is casually cut into the corner of this room, almost like a conversion, leads down to the dining room, so that guests can be entertained in the large room before dinner or can assemble informally in the garden and dining room and later go up.
Adjacent to the large room is a small sitting room that leads via a narrow external stair from the balcony down to the walled garden. Above the entrance hall and small sitting room a study is concealed in the double height of the first floor, extending across the whole depth of the house with views to the Royal Hospital and street.
The bedrooms on the third floor are configured as pavilions surrounding a tropical hothouse and a densely planted garden court. Nature is felt to be present throughout the house and in the sensuousness of the red limestone exterior. Formal themes are established in the building and then adjusted in relation to location, and rooms are designed to invite use without fixing their purpose, to capture the unexpected beauty that exists in chance relationships and non-aesthetic arrangements.

Casa Roja, Londres   The Red House, London

Planta segunda. Second floor.
Planta tercera. Third floor.
Planta baja. Ground floor.
Planta primera. First floor.

Buildings which have preoccupied me have presence in this work, the palace at Urbino, Dutch and Flemish houses where the windows exceed the area of the masonry, Corbusier's Maison Clarté in Geneva and Palladio's Villa La Malcontenta, many buildings by Álvaro Siza as well as buildings by architects who are working now.
For me they exist in the present, always revealing their radicalness and capacity to talk about the heart of human experience.

Emplazamiento Location **Chelsea, Londres/***London* | Equipo Design team **Tony Fretton** (arquitecto director del estudio/ *principal*), **Jim McKinney** (socio y arquitecto jefe de proyecto/*associate partner and project architect*), **Tom Russell** (arquitecto jefe de proyecto durante el anteproyecto/*project architect during inception*), **Judith Brown, Emma Huckett, Matthew White, Matthew Barton, Hendrine den Hengst, Glen Lowcock, Myrka Wisniewski, Klas Ruin, Heather McQuillan Parker, Simon Jones** | Proyecto Design years **1998-1999** | Construcción Construction years **2000-2001** | Ingenieros Engineers **Price & Myers** (estructura/*structural engineers*); **Fulcrum Engineering** (instalaciones/*services*) | Consultores técnicos Technical consultants **Davis Langdon** (mediciones y presupuesto/*quantity surveyor*); **Gardiner & Theobald Management Services** (project manager/*project management*); **Anthony Blee Consultancy** (urbanismo/ *planning*); **Studio Mark Pimlott** (interiorismo/ *interior design*); **Julie Toll** (paisajismo/*landscape and garden design*); **Harrison Goldman** (piedra/*stone*); **Wintech Ltd** (cerramientos/*fenestration engineering*) | Superficie Surface area **650 m²** | Fotografías Photographs **Hélène Binet**

Planta baja. Ground floor.
1. Patio de entrada. Entrance court.
2. Garaje. Garage.
3. Vestíbulo. Entrance hall.
4. Ropero. Coats.
5. Sala de estar. Living room.
6. Cocina. Kitchen.
7. Comedor. Dining room.
8. Vivienda para el servicio. Staff apartment.
9. Almacén del jardín. Garden store.

Planta primera. First floor.
10. Salón. Lounge.
11. Tribuna. Bay window.
12. Escalera. Stair from dining room.
13. Salita. Small sitting room.
14. Bar. Bar.
15. Balcón. Balcony.
16. Rellano. Landing.

Planta segunda. Second floor.
17. Doble altura del salón. Double-height lounge.
18. Estudio. Study.

Planta tercera. Third floor.
19. Dormitorio principal. Main bedroom.
20. Vestidor. Wardrobe.
21. Baño. Bathroom.
22. Dormitorio. Bedroom.
23. Distribuidor. Servery.
24. Invernadero. Hothouse.
25. Terraza. Roof court.
26. Jacuzzi. Hot tub.
27. Terraza. Terrace.

Casa Roja, Londres   The Red House, London

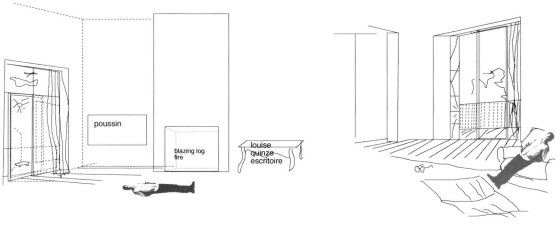

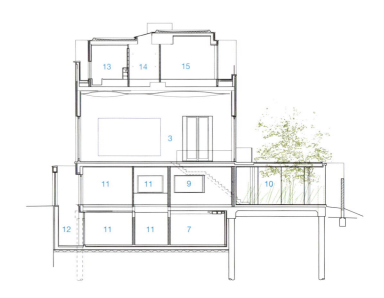
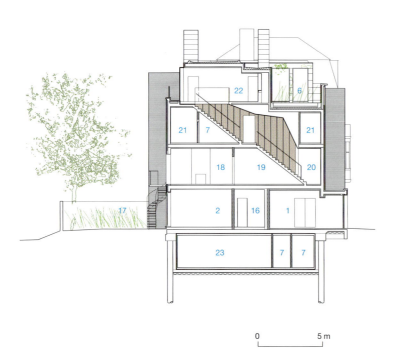

1. Garaje. Garage.
2. Sala de estar. Living room.
3. Salón. Lounge.
4. Tribuna. Bay window.
5. Invernadero. Hothouse.
6. Terraza. Roof court.
7. Almacén. Storage.
8. Lavadero. Laundry.
9. Cocina. Kitchen.
10. Comedor. Dining room.
11. Vivienda para el servicio. Staff apartment.
12. Patio de luz. Lightwell.
13. Baño. Bathroom.
14. Vestidor. Dressing room.
15. Dormitorio principal. Main bedroom.
16. Aseo. WC.
17. Jardín. Garden.
18. Salita. Small sitting room.
19. Bar. Bar.
20. Rellano. Landing.
21. Estudio. Study.
22. Distribuidor. Servery.
23. Maquinaria. Plant room.
24. Dormitorio. Bedroom.

Casa Roja, Londres   The Red House, London

Holton Lee, Casa de la Fe y estudios para artistas, Holton Heath, Poole
Faith House and Holton Lee Studios, Holton Heath, Poole

1999-2005

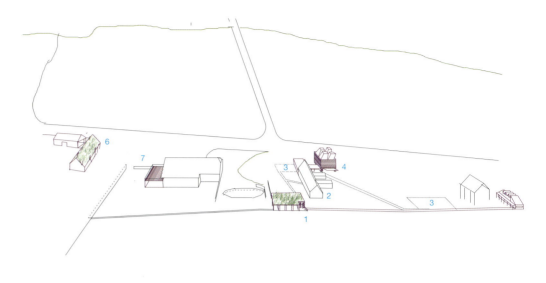

1. Casa de la Fe.
   Faith House.
2. Granja.
   Farmhouse.
3. Aparcamiento.
   Carpark.
4. Archivo/investigación.
   Archive/study centre.
5. Estudios para artistas.
   Artists' studios.
6. Futuro centro de artes escénicas.
   Future performing arts centre.
7. Futura ampliación del granero.
   Future barn extension.
8. Puerto de Poole.
   Poole Harbour.

Plan director

Holton Lee es una fundación benéfica cuya actividad está orientada a personas con discapacidad y a los cuidadores que trabajan para fomentar su autonomía a través de la terapia artística, el contacto con la naturaleza, la orientación psicológica y la espiritualidad.
Sus actividades se desarrollan en la extensa finca que la fundación posee en Dorset, en la costa sur de Inglaterra, que incluye terrenos forestales y de labranza y diversos edificios, entre ellos una residencia para personas con discapacidad y sus cuidadores.
La Fundación Holton Lee nos encargó un estudio para cuatro nuevos edificios donde desarrollar su programa: la Casa de la Fe —un espacio de espiritualidad, reunión y exposición de obras de arte—, un edificio de estudios para artistas, un pequeño centro de artes escénicas y un archivo que permitiese reunir y estudiar las obras de arte y publicaciones creadas por las personas con discapacidad.
Realizamos un proyecto preliminar para cada uno de los nuevos edificios y un sencillo plan director con indicación de su ubicación, conexión e interacción con los edificios existentes y ya en funcionamiento.
Se proyectaron los elementos necesarios para garantizar la accesibilidad por parte de personas con discapacidad física tanto en el terreno como en los edificios, de tal forma que resulta-sen discretos y fuesen percibidos como actos de generosidad destinados a todo tipo de personas, tanto con discapacidad como sin ella.
Todos los edificios proyectados tienen una sola planta, un bajo coste de construcción y un mantenimiento sencillo. Cada uno de ellos establece una relación general con Holton Lee y con el paisaje, y vínculos específicos con las características de su entorno inmediato.
En conjunto, los nuevos edificios pretendían conferir significado e inteligibilidad a la disposición de los edificios existentes.
Nuestro estudio proyectó y construyó la Casa de la Fe y los estudios para los artistas. El archivo y la ampliación de la residencia fueron proyectados por otros arquitectos, y el centro de artes escénicas todavía no ha sido construido.

Master Plan

Holton Lee is a charitable trust for disabled people and those who care for them, which works to empower them by art therapy, contact with nature, personal counselling and spirituality.
Its activities take place at the extensive Holton Lee estate in Dorset on the south coast of England, using the forest and agricultural land there and its range of houses and buildings that include a guest house for disabled people and their carers.
Holton Lee Trust commissioned a study from us for four new buildings in which to develop their programme: Faith House for spirituality, gatherings of people and art exhibitions; a studio building for artists; a small performing arts centre; and an archive building where artworks and publications made by disabled people could be collected and studied.
We made a preliminary design for each new building and a simple master plan of where they could be situated to connect or interact with those already in use.
Provisions for accessibility across the land and in the buildings by people with physical disabilities were designed so that they would be inconspicuous and experienced simply as acts of generosity for people of all abilities.
All buildings were a single storey high, inexpensive and of simple, low-maintenance construction. Each has broad relationships to Holton Lee and the wider landscape, and more detailed connections with the particular character of the ground around it. As a whole the new buildings were intended to give meaning and intelligibility to the original ad hoc arrangements.
Faith House and the artists' studios were designed and realised by us. The archive centre and an extension to the hotel will be designed by other architects, and the performing arts centre remains unrealised.

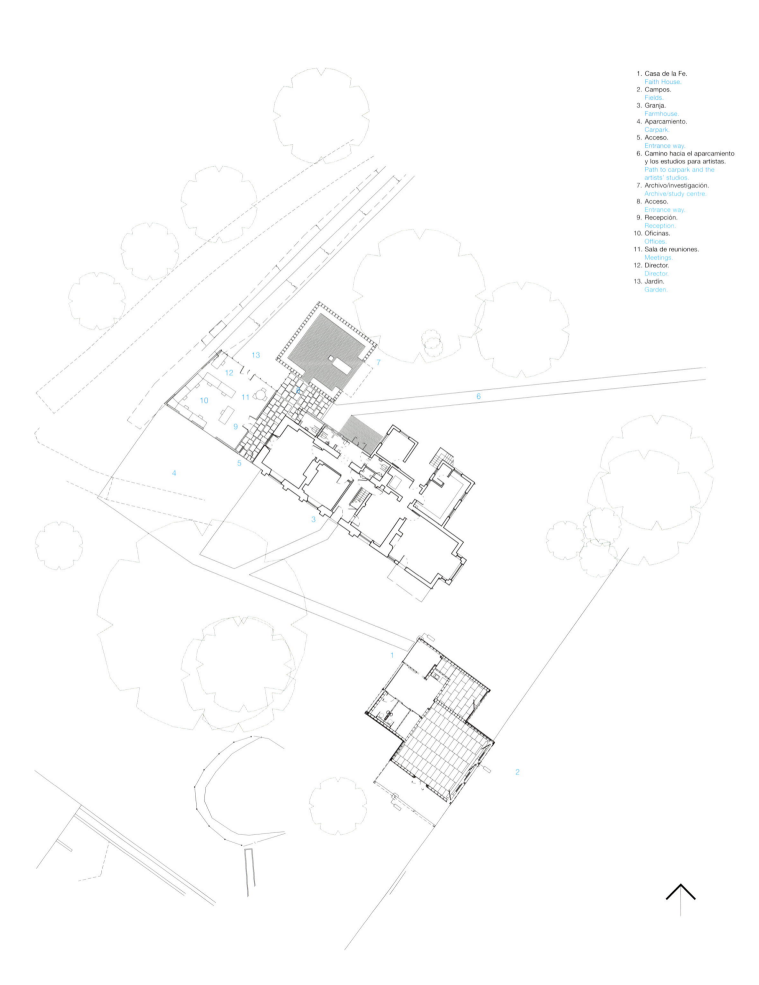

Centro de artes escénicas

El proyecto propone una forma sencilla, con una entrada, un vestíbulo y una sala para representaciones. El revestimiento de la fachada es de madera, y se planteó una cubierta inclinada plantada con vegetación. Los ventanales de suelo a techo del vestíbulo se abren a un extenso campo situado en el lado de la entrada que se puede utilizar para diversos usos, como aparcamiento, acampada o celebraciones. Estaba previsto que el centro de artes estuviera conectado a un edificio de terapia artística. El terreno irregular ubicado detrás del edificio, con plantas y árboles de gran tamaño, proporcionaría un telón de fondo adecuado para el espacio escénico, con vistas de los campos cultivados y del mar a lo lejos

Performing arts centre

The scheme provided a simple building form containing an entrance, a lobby and a room for the performing arts. Facades were to be clad in timber and the pitched roof was to be planted. Full-height glazing opened the lobby towards a large field on the entrance side that is used variously for car parking, camping or fetes.
The arts centre was to be joined to a simple existing art-therapy building, and the small area of overgrown trees and plants in uneven ground behind this building would provide the outlook for the performance space, with the agricultural fields and sea seen obliquely in the distance.

Archivo

Además de albergar el archivo, este elemento del plan director debía proporcionar un punto de recepción visible y una oficina administrativa para el conjunto de las instalaciones de Holton Lee. Por ello decidimos ubicarlo al final del largo camino de acceso a los terrenos de la fundación, situado junto a la antigua vivienda de la granja (ver plano en página 31).
El proyecto definía que el material para la fachada del edificio de recepción fuera la madera, al igual que en la Casa de la Fe, con ventanas del mismo tamaño y forma que las de la vivienda de la granja. Pero estas convenciones elementales se veían atenuadas por el concepto de fachada, que adoptaba la forma de una sencilla valla de madera y delimitaba un espacio flexible de oficina abierto a los árboles y la vegetación. Desde esta zona, y cruzando el edificio como si se tratara de un pasaje cubierto, un sendero conducía a los estudios para los artistas y a un aparcamiento adicional. Las fachadas y el lucernario cónico del archivo estaban pensados como gruesos muros de fábrica de ladrillo que permitieran unos niveles estables de temperatura y humedad en el interior sin necesidad de utilizar un sistema mecánico de aire acondicionado. El archivo se concibió como un lugar donde guardar temporalmente la colección, hasta que su valor sea reconocido y sus piezas más significativas se distribuyan a fondos de colecciones más importantes o de un museo.
Ubicado a cierta distancia del edificio de recepción, pero visible por su inusual altura y forma, el edificio del archivo anunciaría su presencia, pero también su carácter reservado como lugar de estudio.

Archive

As well as an archive, this element of the master plan also had to provide a visible reception point and administration office for the whole of Holton Lee. In consequence it was placed at the end of the long road into the Holton Lee Estate, next to the existing farmhouse (see plan on page 31).
The facade of the reception point building was of boarded timber like Faith House, with windows of the same size and shape as those in the farmhouse. But these easy conventions were undercut by the way that the facade was just a hoarding with a loosely arranged office space opening to shrubs and trees behind it. From that side a path from the new artists' studios and overflow car parking was planned, which passed through the office building as a covered passage.
In the archive building it was intended to construct both the walls and conical roof lantern of thick brickwork, so as to provide stable internal temperatures and humidity without using mechanical air conditioning. The archive was conceived as a medium-term holding place for the collection until its value was understood, when the most significant parts would be distributed to the archive of a major collection or museum.
Positioned at a distance from the reception building, but visible by its height and unusual form, the archive building would announce its presence but also its reserve as a place of study.

Centro de artes escénicas.
Performing arts centre.

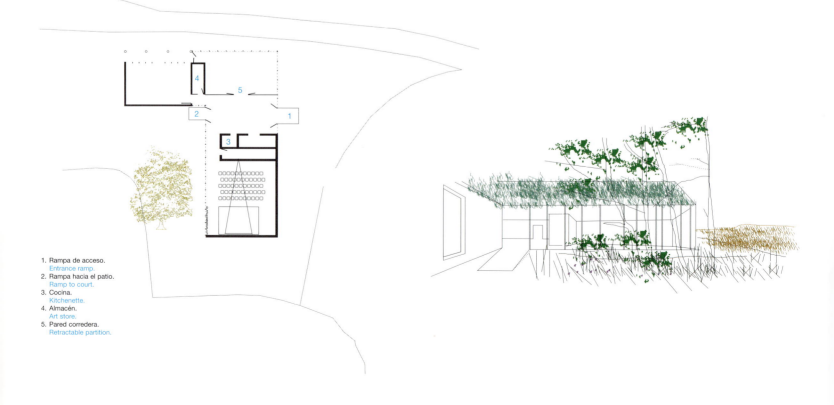

1. Rampa de acceso.
   Entrance ramp.
2. Rampa hacia el patio.
   Ramp to court.
3. Cocina.
   Kitchenette.
4. Almacén.
   Art store.
5. Pared corredera.
   Retractable partition.

Holton Lee, Casa de la Fe y estudios para artistas, Holton Heath, Poole

Faith House and Holton Lee Studios, Holton Heath, Poole

Casa de la Fe

La Casa de la Fe es un elemento esencial del plan director de Holton Lee, ya que simboliza y hace posible el trabajo de la fundación en los ámbitos del arte, la espiritualidad y el entorno natural.

La preocupación por el medio ambiente está presente en los propios sistemas constructivos utilizados, como los revestimientos de madera sin pintar y la cubierta con vegetación sustentada por una estructura de madera y cuyo aislamiento térmico consiste en papel de periódico reciclado.

El emplazamiento del edificio sobre un promontorio del jardín de la granja original, al final del largo camino que conduce a los terrenos de la fundación, le otorga una relevancia especial. Se abre hacia los campos que bordean el mar, y hacia el cielo y los árboles de su alrededor. En la fachada delantera se sitúa un porche que marca la entrada y facilita un lugar de espera y donde cobijarse de la lluvia. Una discreta puerta que forma parte del revestimiento de madera se abre a una sala para la contemplación, en cuyo oscuro interior se ha dispuesto un círculo de troncos procedentes del bosque de Holton Lee. Otra puerta, en este caso más evidente, se abre al vestíbulo de entrada, ubicado en la crujía central de la fachada. Su ventanal de una pieza ofrece vistas del camino de acceso recién recorrido y del jardín. Detrás del vestíbulo se encuentra una gran sala destinada a reuniones y exposiciones de arte. Desde ella se puede acceder al exterior y disfrutar de las vistas de los campos, permitiendo que la actividad humana se desarrolle en el contexto de los cambios que se producen en la naturaleza.

Faith House

Faith House is a significant element of the master planning of Holton Lee that both enables and symbolises its work in the areas of the arts, spirituality and the natural environment.

Concern for the natural environment is evident in the building's sustainable construction of unpainted timber cladding and planted roof, which is supported by a timber-framed structure filled with recycled newspaper as thermal insulation.

Special significance is given by situating the building at the end of the long road leading into the estate on a rise in the ground of the garden of the original farmhouse. Here it looks out behind to open fields that border the sea, and the sky and trees can be seen through and around it.

On the approach side an open porch gives a place to enter and wait out of the rain. A discreet door in its boarded interior opens into a room for quiet contemplation, where a circle of cut trees taken from the forest in Holton Lee stands in a dark silver interior.

A more evident door opens into the entrance lobby located in the central bay of the facade, which looks back over the garden and approach road through an undivided sheet of glass. Behind the lobby is a large room for assembly and the display of art, with French windows that open to the fields so that human activity takes place in a context of changing natural events.

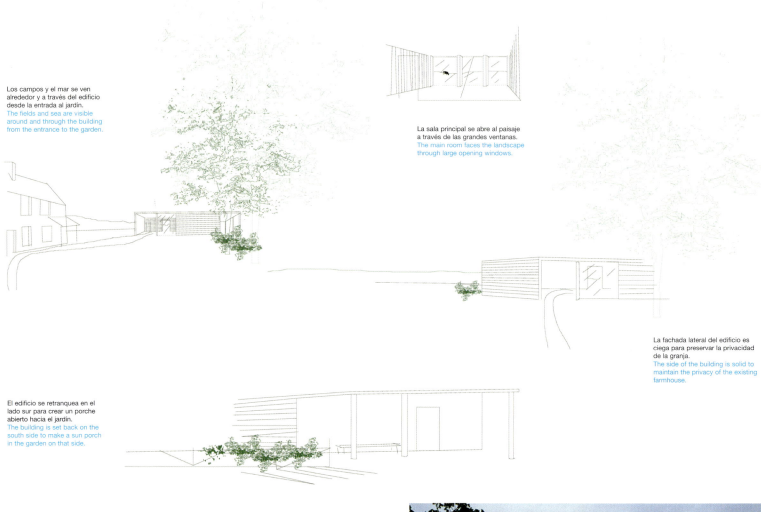

Los campos y el mar se ven alrededor y a través del edificio desde la entrada al jardín.
The fields and sea are visible around and through the building from the entrance to the garden.

La sala principal se abre al paisaje a través de las grandes ventanas.
The main room faces the landscape through large opening windows.

La fachada lateral del edificio es ciega para preservar la privacidad de la granja.
The side of the building is solid to maintain the privacy of the existing farmhouse.

El edificio se retranquea en el lado sur para crear un porche abierto hacia el jardín.
The building is set back on the south side to make a sun porch in the garden on that side.

Holton Lee, Casa de la Fe y estudios para artistas, Holton Heath, Poole

Faith House and Holton Lee Studios, Holton Heath, Poole

1. Granja.
   Farmhouse.
2. Jardín de la granja.
   Farmhouse garden.
3. Porche de acceso.
   Porch.
4. Vestíbulo.
   Lobby.
5. Sala para la contemplación.
   Quiet room.
6. Jardín para la contemplación.
   Quiet garden.
7. Sala de exposiciones y reuniones.
   Assembly room.
8. Porche.
   Sun porch.
9. Jardín pavimentado.
   Paved garden.
10. Camino de madera existente.
    Existing boardwalk.
11. Estanque existente.
    Existing pond.
12. Valla.
    Fence.
13. Campo.
    Field.

Holton Lee, Casa de la Fe y estudios para artistas, Holton Heath, Poole

Faith House and Holton Lee Studios, Holton Heath, Poole

Estudios para artistas

Los estudios para artistas se crearon a partir de la transformación de una edificación agrícola situada a cierta distancia de la Casa de la Fe y ubicada junto a un granero abierto que se utiliza como almacén agrícola y espacio ocasional para exposiciones.
A lo largo del edificio se ubicaron cuatro estudios y se construyó con madera una nueva sala de reunión para los artistas. Todos estos espacios están conectados por un porche.
La iluminación de los estudios desde la cubierta permite disponer de la máxima superficie de pared, mientras que la sala comunitaria de reunión cuenta con una amplia ventana horizontal con vistas a los campos.
La obra de ladrillo exterior ya existente se pintó con una capa muy fina para permitir dejar a la vista sus cualidades originales pero, al mismo tiempo, diferenciarla de los edificios que la rodean. Las formas de los lucernarios y de otros elementos añadidos establecen un juego de contraste con la extrema transparencia y funcionalidad del granero abierto.

Artists' studios

The artists' studios were converted from an agricultural building situated some distance from Faith House next to an open barn, which is used for farm storage and occasionally for exhibitions.
Four studios were laid out along the length of the building, and a new artists' common room constructed from timber, all connected by a covered exterior colonnade. The studios are lit from the roof to provide as much wall space as possible, while the common room has a long horizontal window looking over the fields.
The existing exterior brickwork was thinly overpainted to keep its original qualities visible while making it distinct from the buildings around it, and the forms of the roof lights and other additions to the studios play against the extreme openness and utility of the open barn.

Faith House and Holton Lee Studios | Emplazamiento Location **Holton Lee Centre for Disability in the Arts, East Holton, Holton Heath, Dorset BH16 6JN** | Equipo Design team **Casa de la Fe/Faith House: Tony Fretton, Jim McKinney, Matthew White (arquitecto jefe de proyecto/project architect), Klas Ruin, Emma Huckett, Matthew Barton; Estudios para artistas/Artists' studios: Tony Fretton, Jim McKinney, Simon Jones (arquitecto jefe de proyecto/project architect), Matthew Barton** | Proyecto Design years **Casa de la Fe/Faith House 1999-2000; Estudios para artistas/Artists' studios 2001-2003** | Construcción Construction years **Casa de la Fe/Faith House 2001; Estudios para artistas/Artists' studios 2004-2005** | Ingenieros Engineers **Price & Myers (estructura/structural engineers); Max Fordham (instalaciones/services)** | Consultores técnicos Technical consultants **Poynton Scrase (mediciones y presupuesto/quantity surveyor); Tony Heaton (consultor en discapacidades/disability consultant)** | Cliente Client **Tony Heaton y consejo de administración de la Fundación Holton Lee/and trustees of Holton Lee charity** | Superficie Surface area **Casa de la Fe/Faith House 153 m²; Estudios para artistas/Artists' studios 125 m²** | Fotografías Photographs **Hélène Binet**

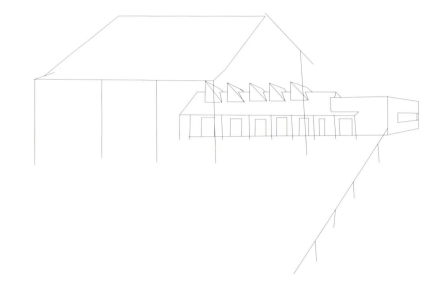

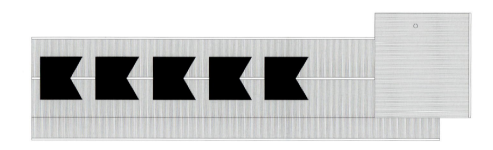

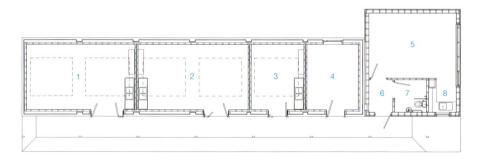

1. Estudio 1. Studio 1.
2. Estudio 2. Studio 2.
3. Estudio 3. Studio 3.
4. Estudio 4. Studio 4.
5. Sala comunitaria. Common room.
6. Vestíbulo. Lobby.
7. Aseo. WC.
8. Cocina. Kitchen.

Holton Lee, Casa de la Fe y estudios para artistas, Holton Heath, Poole

Faith House and Holton Lee Studios, Holton Heath, Poole

Holton Lee, Casa de la Fe y estudios para artistas, Holton Heath, Poole

Faith House and Holton Lee Studios, Holton Heath, Poole

Edificio de uso mixto en Constantijn Huygensstraat, Ámsterdam
Constantijn Huygensstraat mixed-use building, Amsterdam

2004-2008

Este proyecto, ubicado cerca del parque Vondel, es uno de los tres que estamos realizando en ciertos emplazamientos céntricos de Ámsterdam que han quedado libres debido al traslado de hospitales e industrias. Los otros dos son los edificios de viviendas Andreas y De Prinsendam. El arquitecto belga Jo Crepain, que elaboró el plan urbanístico, distribuyó tres edificios en el emplazamiento, alineados a lo largo de la Constantijn Huygensstraat y separados por espacios públicos. Los edificios se configuraron como una pareja de bloques paralelos con un espacio privado entre ellos. El conjunto de espacios públicos y privados potenciará la luz natural y el asoleo en Constantijn Huygensstraat, y vistas de los edificios y espacios públicos que se encuentran detrás, además de reconocer la configuración de las calles y del canal Jacob van Lennep, situado junto al emplazamiento. El arquitecto de cada uno de los edificios es distinto, al igual que los programas: viviendas sociales, hospital psiquiátrico y, en nuestro caso, un espacio flexible concebido para albergar diversas actividades como viviendas, espacios de trabajo, un hotel, tiendas, cafeterías, restaurantes y equipamientos públicos, como una guardería.

Un aspecto específico de nuestro proyecto es el patio que se abre a la Constantijn Huygensstraat, que albergará tiendas, cafeterías y el equipamiento público, sobre el que abocan los corredores de acceso a las plantas superiores. Por su posición privilegiada junto al canal, el edificio podría convertirse en un lugar con una intensa actividad pública, en todo un barrio en sí mismo.

Desde la perspectiva arquitectónica, se establece un diálogo entre la forma abstracta del edificio, la expresividad de los materiales —el ladrillo negro, el pórfido y las estructuras metálicas con forma de árbol— y elementos reconocibles de otras arquitecturas que se han transformado libremente.

Located near the Vondelpark, the project is one of several that we are designing in Amsterdam on inner sites that have been released by the

relocation of hospitals and industry, the others being Andreas and De Prinsendam.

In master planning the development, Belgian architect Jo Crepain laid out the site as three buildings ranged along Constantijn Huygensstraat and separated by public spaces. Each of the three buildings was configured as a pair of parallel blocks with a private open space between them. Together, the public and private spaces will bring daylight and southwest sun to Constantijn Huygensstraat and views of the buildings and public spaces behind, as well as continuing the pattern of the roads and the Jacob van Lennep Canal next to the site. The architect for each of the three buildings is different, as are their programmes: social housing, a psychiatric hospital, and in our case flexible space intended for a range of activities including apartments, workspaces, a hotel, shops, cafés and restaurants and public facilities such as a kindergarten.

A specific aspect of our design is the courtyard extending from Constantijn Huygensstraat, which will contain shops, cafés and public facilities overlooked by the access balconies on the upper floors. Given the prominent position of the building next to the canal, it could become a local public place and a neighbourhood in itself.

In the architecture there is a play between the abstract building form, the expressiveness of its materials of dark brick and porphyry and metal tree forms, and recognisable elements from other architecture that are freely transformed.

Emplazamiento Location **Block C, 1e Constantijn Huygensstraat, Oud-West, Ámsterdam/***Amsterdam* | Equipo Design team **Tony Fretton, Jim McKinney, Laszlo Csutoras (arquitecto jefe de proyecto/***project architect*）**, Sandy Rendel, Donald Matheson, Michael Lee, Martin Nässén, Clemens Nuyken** | Proyecto Design years **2004-2007** | Construcción Construction years **2007-2008** | Ingenieros Engineers **DHV (estructura/***structural engineers***); Cauberg-Huygen (acústica/***acoustics***); Ingenieursburo Linssen BV (instalaciones/***services***)** | Consultores técnicos Technical consultants **INBO (arquitectos ejecución/***executive architects***)** | Cliente Client **Het Oosten, Kristal** | Superficie Surface area **8.000 m²/***8,000 m²* | Render Visualisation **Tony Yli-Suvanto**

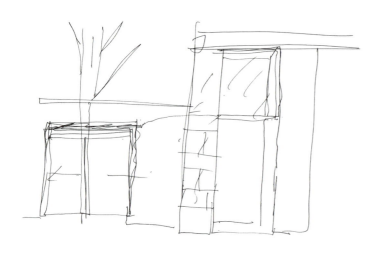
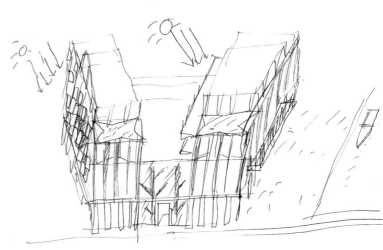

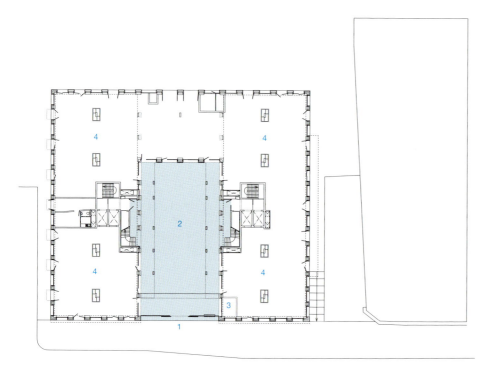

Planta baja.
Ground floor.

1. Acceso.
   Entrance.
2. Patio.
   Courtyard.
3. Garita.
   Entrance kiosk.
4. Espacio comercial.
   Commercial.

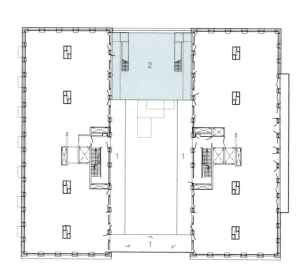

Planta primera.
First floor.

1. Pasarela.
   Walkway.
2. Terraza.
   Terrace.

Edificio de uso mixto en Constantijn Huygensstraat, Ámsterdam | Constantijn Huygensstraat mixed-use building, Amsterdam

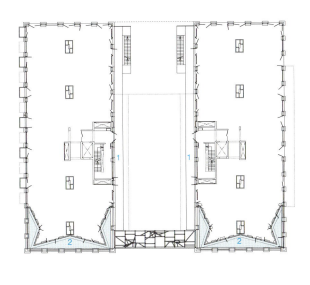

Planta cuarta.
Fourth floor.

1. Pasarela.
   Walkway.
2. Terraza.
   Terrace.

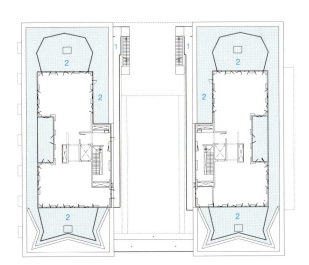

Planta sexta.
Sixth floor.

1. Pasarela.
   Walkway.
2. Terraza.
   Terrace.

Camden Arts Centre, Londres
Camden Arts Centre, London

2000-2004

El Camden Arts Centre, ubicado en el norte de Londres, es un centro de artes visuales contemporáneas financiado con fondos públicos y que cuenta con una exitosa trayectoria de exposiciones y actividades educativas.

El edificio que ha ocupado desde la década de 1970 era originalmente una biblioteca pública. Ubicado en un emplazamiento con una acusada pendiente que asciende desde Finchley Road, dispone de un gran jardín en la parte posterior. Construido en varias fases a lo largo del tiempo, sus cubiertas tienen distintos tipos de estructuras, y en la década de 1950 se realizó una ampliación que no se ajustaba en absoluto al estilo del resto del edificio. Los pavimentos van desde el terrazo al parqué o el linóleo, y todas las puertas y manillas son ligeramente distintas entre sí.

Antes de nuestra intervención, el Camden Arts Centre había utilizado el edificio tal y como estaba, convirtiendo las salas de la primera planta de la biblioteca en galerías y estudios de dibujo, y utilizando los sótanos como estudios de cerámica y oficinas.

El hecho de que el edificio se hubiera utilizado con sus cualidades originales, junto a las actividades educativas públicas estrechamente relacionadas con las exposiciones de arte contemporáneo, lo habían convertido en un elemento importante y memorable para un gran número de personas.

Las implicaciones sociales que ello representaba fueron investigadas por Katherine Clarke y Ashley McCormick, de Muf architecture art, quienes realizaron una serie de entrevistas a visitantes, personal y antiguos directores acerca del uso del edificio, y hablaron con nosotros sobre nuestras ideas y valores. El Camden Arts Centre encargó al artista Oliver Godow la realización de las fotografías del proceso de construcción del edificio.

Todos estos factores reforzaron nuestra percepción de que el edificio y el barrio que lo rodea constituyen en conjunto un artefacto social y cultural, lo que nos hizo prestar una atención especial a los aspectos creativos y conceptuales del proyecto.

Finchley Road, antes un tranquilo bulevar suburbano, se ha convertido en una autopista urbana desde el centro de Londres hacia el norte de Inglaterra. El tráfico constante e intenso había destruido el pequeño comercio del barrio y convertido en inutilizable el hermoso terreno que se encuentra detrás del edificio. Antes de la implantación del Camden Arts Centre, este no era un barrio agradable para ir a comprar un libro, tomar un café o sentarse al aire libre a tomar el sol.

Para abordar esta situación, creamos un nuevo espacio exterior público en la planta baja que conectara de forma visible el barrio con la cafetería y con el nuevo jardín ubicado detrás del edificio, diseñado por Muf. Este jardín está delimitado por un muro de vidrio a lo largo de Finchley Road permitiendo reducir el ruido del tráfico a un nivel tolerable y proporcionar vistas del jardín y de la cafetería a los ocupantes de los vehículos.

El muro de vidrio, la cafetería y el pórtico de entrada que hemos añadido al edificio se han diseñado como nuevos objetos contemporáneos, directos y funcionales, relacionados con la escala y la alineación del edificio existente. Como se ha dicho anteriormente, consideramos que este edificio es un artefacto cultural y social, construido por un gran número personas a lo largo de los años. Al alterarlo para satisfacer las necesidades actuales, hemos mantenido de forma consciente su naturaleza abierta a la interpretación, de forma que pueda ser adaptado tanto en el aspecto funcional como en la imaginación de la gente, hasta que se convierta en una arquitectura "encontrada".

Camden Arts Centre is a publicly funded contemporary visual arts centre in North London, with a successful history of exhibitions and public education.

The building which it has occupied since the 1970s was originally a public library, and is located on a site that slopes steeply upwards from Finchley Road, forming an extensive garden behind.

Built in phases over time, the building has several different roof structures, and a utilitarian extension was added in the 1950s that did not follow the style of the rest of the building at all. Floor coverings range from terrazzo to parquet to lino, and every door and its handles are slightly different in detail.

Before we worked on it, Camden Arts Centre had made use of the building as it was, turning the first-floor library rooms into galleries and

drawing studios, and using the cellars as ceramic studios and offices.
Those ad hoc qualities, together with Camden Arts Centre's way of holding public art classes in close proximity to exhibitions of contemporary art, had made the building significant and memorable for a large number of people.
The social knowledge that this represented was investigated and given shape by Katherine Clarke and Ashley McCormick of Muf architecture art, who had been commissioned by Camden Arts Centre as design team artists. They carried out a series of interviews with visitors, staff and former directors about the use of the building, and with the professional team about our ideas and values. Artist Oliver Godow was commissioned by Camden Arts Centre and made photographs of the project as it was constructed. All of these factors reinforced our sense of the building and the surrounding neighbourhood as a social and cultural artefact, and made us alert to the creative and conceptual aspects of rebuilding.

From a quiet suburban boulevard, Finchley Road had become an urban highway leading out of the centre of London to the north of England. Non-stop traffic had destroyed small-scale commerce in the neighbourhood and made the wild and beautiful land behind the building unusable. Before the redevelopment of the Camden Arts Centre, this was not a neighbourhood to which you would come to buy a book, take a coffee or sit outside in the sun.
To address that situation we created a new public concourse on the ground floor that visibly connects the neighbourhood to the café and to a new garden designed by Muf behind the building. Enclosing the garden is a glass wall along Finchley Road that reduces traffic noise to a tolerable level and gives extensive views of the garden and café to passing traffic. The fence, café and entrance portico that we have added to the building are designed as new objects from these times, frank and utilitarian and related in scale and alignment with the existing building.

As said, we saw the building as a cultural and social artefact, something made by many people over time. In altering it to satisfy the needs of the present we have consciously maintained its openness to interpretation, so that it can be reworked in use and in the imagination of people until it becomes architecture as found.

Emplazamiento Location **Finchley Road y/and Arkwright Road NW3, Londres/*London*** | Equipo Design team **Tony Fretton, Jim McKinney (arquitectos directores del estudio/*principals*), Robert Romanis (arquitecto jefe de proyecto/*project architect*), Simon Jones, Nina Lundvall, Mel Hosp, Matthew White** | Concurso Competition **2000** | Proyecto Design years **2001-2002** | Construcción Construction years **2002-2004** | Ingenieros Engineers **Price & Myers (estructuras/*structural engineers*); Faber Maunsell (instalaciones/*services*)** | Consultores técnicos Technical consultants **Ritchie Associates (mediciones y presupuesto/ *quantity surveyor*); Buro 4 (project management); Earnscliffe Davies (consultor en discapacidades/ *disability consultant*); Muf architecture art (paisajismo/ *landscape design*)** | Cliente Client **Consejo de administración del Camden Arts Centre/ *Trustees of the Camden Arts Centre*** | Superficie Surface area **Planta baja/*Ground floor* 900 m² (ampliación/*extension* 330 m²); Planta primera/*First floor* 900 m²** | Fotografías Photographs **Hélène Binet, Keith Collie, David Grandorge**

Camden Arts Centre,
Londres

Camden Arts Centre,
London

Planta primera. First floor.
1. Galería central. Central gallery.
2. Galería 1. Gallery 1.
3. Galería 2. Gallery 2.
4. Galería 3. Gallery 3.
5. Estudio 1. Studio 1.
6. Biblioteca. Library.
7. Estudio 2. Studio 2.
8. Escalera. Stair.
9. Sala para el personal. Staff room.
10. Almacén. Store.
11. Salida emergencia. Fire escape.

Planta baja. Ground floor.
1. Vestíbulo. Lobby.
2. Recepción y librería. Bookshop and reception.
3. Cafetería. Café.
4. Terraza. Garden terrace.
5. Patio. Courtyard.
6. Sala de reuniones. Meeting room.
7. Oficinas. Offices.
8. Reprografía. Photocopying.
9. Despacho dirección. Director's office.
10. Aseos. WC.
11. Almacén librería. Book store.
12. Almacén limpieza. Cleaner's store.
13. Taller de cerámica. Ceramic studio.
14. Taller de esmalte. Glaze room.
15. Horno. Kiln room.
16. Taller. Workshop.
17. Maquinaria. Plant.
18. Sótano. Crypt space.
19. Escalera original. Original stair.

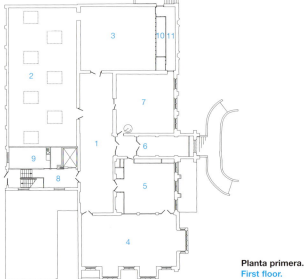

Planta primera. First floor.

Planta baja. Ground floor.

Camden Arts Centre,
Londres

Camden Arts Centre,
London

1. Cafetería.
   Café.
2. Oficinas.
   Offices.
3. Galería 3.
   Gallery 3.
4. Recepción y librería.
   Bookshop and reception.
5. Galería central.
   Central gallery.
6. Estudio 1.
   Studio 1.
7. Recepción y librería.
   Bookshop and reception.
8. Almacén librería.
   Book store.
9. Taller de cerámica.
   Ceramic studio.
10. Taller.
    Workshop.
11. Galería 2.
    Gallery 2.
12. Estudio 2.
    Studio 2.
13. Estudio 1.
    Studio 1.
14. Galería 3.
    Gallery 3.

Camden Arts Centre,
Londres

Camden Arts Centre,
London

Edificios de viviendas Andreas, Ámsterdam
Andreas Ensemble housing, Amsterdam

2005-2008

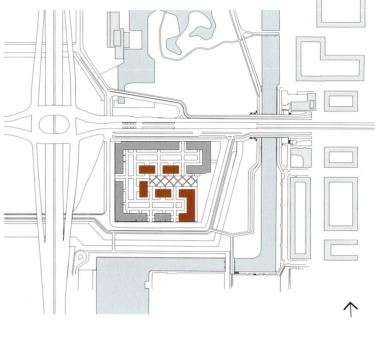

Los edificios de viviendas Andreas están bordeados al este por un agradable canal arbolado y, al sur, por una estrecha franja de agua. A lo largo de sus otros dos límites discurren autopistas con un tráfico intenso que lo separan del gran parque Rembrandt, ubicado al norte. El plan urbanístico del ayuntamiento de Ámsterdam para este emplazamiento sigue la disposición establecida por H. P. Berlage para el cercano sur de la ciudad, en lugar del plan más flexible de Cornelius van Eesteren para la zona oeste, de forma que el emplazamiento queda delimitado por edificios lineales que limitan las vistas directas del canal de los edificios del interior. Los edificios del perímetro, excepto uno, están proyectados por los arquitectos de La Haya Geurst & Schulze, y albergan viviendas sociales, un hotel y otros usos. Los proyectados por nuestro estudio están destinados a viviendas para la venta en el mercado de promoción libre. Consisten en cuatro edificios independientes organizados alrededor de una plaza pública y un edificio perimetral ubicado al sur, frente al agua.

Cada uno de los edificios está compuesto por viviendas en dúplex en las plantas baja y primera, de un nivel en las plantas intermedias y de áticos en las dos últimas. Una planta sencilla, con los ascensores, las escaleras y los pasos de instalaciones ubicados en el centro, permitió distintos tamaños y distribuciones de viviendas, cuyas salas de estar y balcones reciben la luz del sol y disfrutan de vistas sea cual sea la orientación del edificio.

Los materiales empleados en el exterior se seleccionaron para que ofrecieran el tipo de policromía que poseen algunos edificios del siglo XIX. Las fachadas son de obra de fábrica de ladrillo de color gris, las ventanas de aluminio anodizado de color bronce claro en algunas fachadas y azul grisáceo en otras. A los balcones se les ha aplicado una capa de colores pálidos metalizados, y a los áticos un revestimiento de hormigón prefabricado de color verde pálido.

Con el fin de conseguir un conjunto tranquilo y elegante, el proyecto propone edificios de formas repetitivas que se relacionan con las de los edificios de Geurst & Schulze. En el marco de la simetría del conjunto se producen sutiles diferencias en los cambios de color y el formato de las ventanas, los motivos del pavimento de los vestíbulos de entrada y las distintas, y a veces inesperadas, posiciones de los balcones.

Andreas Ensemble is bordered by a pleasant tree-lined canal on the east and fine stretch of water to the south. Busy highways run along the other two boundaries, separating it from the extensive Rembrandtpark to the north. Amsterdam City Council's master plan for the site followed H. P. Berlage's layout of nearby Amsterdam South rather than the looser planning of Cornelius van Eesteren to the west, enclosing the site with linear buildings that give only limited views of the canal and water to buildings in the interior. The perimeter buildings, with one exception, are by Hague architects Geurst & Schulze and contain social housing, a hotel and other uses. Those designed by us are apartments for sale, consisting of four freestanding buildings around a public square and a perimeter building on the south facing the water.

Each is configured with apartments or maisonettes on the ground and first floors, apartments on the middle floors and penthouses on a two-storey attic. A simple floor plan with the lifts, stairs and main service risers in the centre allowed different sizes and configurations of apartments with living rooms and balconies that receive sunlight and views whatever the orientation of the building. Materials on the exterior were selected to give the kind of permanent polychromy seen in some buildings of the 19th century. Facades are of refined grey Danish brickwork, windows of aluminium that are anodised light bronze on some facades and blue-grey on others. Balconies are powder-coated in pale metallic colours and penthouses have pale green precast concrete cladding.

The buildings are designed as a series of repeating forms that relate to those of Geurst & Schulze to give dignity and repose to the whole. Within their symmetry subtle differences are given by changes in the colour and format of windows, identifying motifs in the floor of the entrance halls and the different and sometimes unexpected position of balconies.

Emplazamiento Location **Ámsterdam/*Amsterdam*** | Equipo Design team **Tony Fretton, Jim McKinney (arquitectos directores del estudio/*principals*); David Owen (arquitecto jefe de proyecto/*project architect*), Annika Rabi, Guy Derwent, Nina Lundvall, Martin Nässén, Matthew Barton, Max Lacey, Frank Furrer, Michael Lee** | Proyecto Design years **2005-2006** | Construcción Construction years **2006-2008; fase 2/*phase 2*: 2010-** | Ingenieros Engineers **Grontmij van Ruitenburg (estructura/*structural engineers*); Royalhaskoning (instalaciones/*services*); Cauberg-Huygen (acústica y protección contra el fuego/*acoustics and fire*)** | Consultores técnicos Technical consultants **Mondiales Folies (project management); INBO Architecten (arquitectos ejecutivos/*executive architects*)** | Cliente Client **Proper Stok Woningen bv** | Superficie Surface area **25.000 m²/*25,000 m²*** | Fotografías Photographs **David Grandorge**

Balcones.
Balconies.

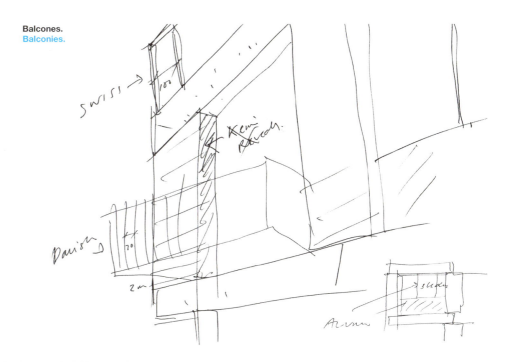

Edificios de viviendas
Andreas, Ámsterdam

Andreas Ensemble
housing, Amsterdam

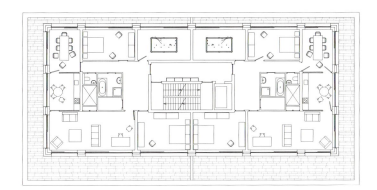

Planta quinta.
Fifth floor.

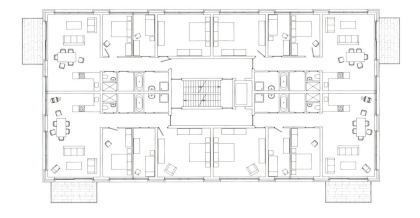

Planta segunda a cuarta.
Second to fourth floor.

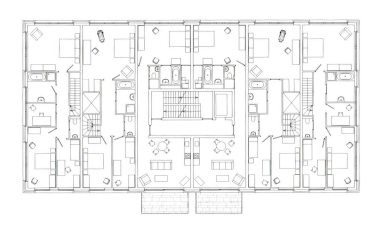

Planta primera.
First floor.

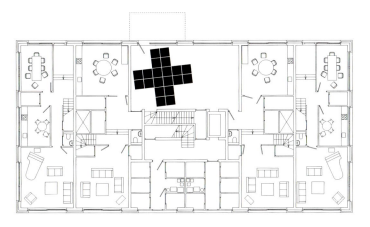

Planta baja.
Ground floor.

0   10 m

Casa para dos artistas, Londres
House for two artists, London

2001-2005

Los clientes, un matrimonio de artistas con hijos pequeños, son amigos nuestros desde hace mucho tiempo. Clerkenwell, la zona donde está ubicado el edificio, es un barrio que se urbanizó en el siglo XVIII y que originalmente estaba formado por viviendas entre las que se intercalaban pequeños talleres de manufacturas de precisión. El edificio de nuestros clientes se construyó a principios del siglo XX para albergar un taller de relojería. Como el presupuesto del que disponíamos era limitado, decidimos reutilizar la estructura original tanto como fuera posible, y el proyecto se limitó a cambios estratégicos en la planta, la sección y la fachada que permitiesen un uso adecuado a lo largo del tiempo y estuviesen abiertos a la interpretación. Se presentaron a los clientes las distintas posibilidades en forma de maqueta, y su contribución práctica y conceptual al proyecto fue muy amplia. Todos los aspectos del proyecto se definieron de forma muy sencilla, e incluso algunas partes fueron construidas por los propios clientes.

El largo sótano que ocupa toda la longitud del emplazamiento se convirtió en un taller con un estudio de pintura en uno de los extremos, bajo la alta cubierta. La tercera planta alberga un estudio para desarrollar obras de formato más pequeño basadas en la fotografía, con ventanas en ambos extremos que ofrecen vistas de la ciudad. Entre los dos estudios, uno para cada uno de los artistas y que reflejan el estilo de su trabajo, se encuentran las plantas donde se desarrolla la vida cotidiana de la pareja y sus hijos. Esta parte del programa tiene su foco principal en la sala de estar de la planta baja, que se abre a una pequeña terraza para comer al aire libre y que, a su vez, conduce a una terraza un poco más elevada situada en la cubierta del estudio del sótano, más aislada.

La contribución pública más importante del proyecto fue resolver la inadecuación de la fachada dentro de la hilera de casas en la que se inserta. Al reducir la altura de la ventana del

original fabric as possible was reused and design was limited to strategic changes in plan, section and facade that would provide long-term use, meaning and openness to interpretation. A series of possibilities were presented to our clients in model form, and their practical and conceptual contribution to the scheme was extensive. Everything in the scheme is very simply detailed, with our clients constructing some parts themselves.

A long basement that extended the length of the site was made into a workshop with a painting studio at one end under a high roof. The third floor provides a studio for smaller photographic-based work, with windows on both sides looking out over the city. Between the two studios, one for each artist and reflecting their style of work, are the floors where they live and share the upbringing of their family. This part is focused in the ground-floor living room, which opens to a small terrace for outside eating, leading to an upper terrace on the roof of the basement studio, which is more secluded.

The main public contribution of the scheme was to resolve the inadequacy of the original facade within the terrace of houses. Lowering the window to the studio made the top floor appear as an attic above the parapet line of the adjoining houses, and its balustrade has similarities in appearance to the roof windows either side. Covering the low-grade brickwork of the street facade with stucco gave the building presence, the stucco being red in colour and overpainted in black by our clients to match the brickwork around it. Finally, aluminium-faced, high-performance, timber windows were installed that, although completely different from the 18th-century windows either side, had similar-sized frames and proportions. The whole facade requires little or no maintenance, and although clearly of its times in aesthetics and purpose, it has deep connections with its locale.

Emplazamiento Location **Clerkenwell, Londres/London** | Equipo Design team **Tony Fretton, Jim McKinney (arquitectos directores del estudio/principals); Matthew Barton y/and David Owen (arquitectos jefe de proyecto/project architects); Karin Hepp, Simon Jones, Matthew White** | Proyecto Design years **2001-2004** | Construcción Construction years **2003-2005** | Ingenieros Engineers **Price and Myers (estructura/structural engineers)** | Consultores técnicos Technical consultants **Brendan Hennessy Associates (mediciones y presupuesto/quantity surveyor); Famella Ltd (contratista principal/main contractor)** | Superficie Surface area **284 m²** | Fotografías Photographs **Hélène Binet**

estudio se consiguió que la planta superior se asemejase a un ático sobre la línea de barandilla de las casas contiguas, y su balaustrada tiene semejanzas formales con las ventanas de la cubierta de los edificios situados a ambos lados. Para que el edificio tuviera una cierta presencia, se cubrió la antigua obra de fábrica de ladrillo de baja calidad con estuco de color rojo, que fue pintado de negro por los clientes para que la fachada armonizase con el color de los edificios contiguos. Por último, se instalaron ventanas de madera de alta calidad con la cara exterior de aluminio que, a pesar de ser completamente diferentes a las ventanas del siglo XVIII de las casas adyacentes, tienen proporciones y marcos de tamaño similar. El conjunto de la fachada requiere poco o ningún mantenimiento, y aunque su planteamiento estético y su propósito sean claramente contemporáneos, posee una conexión profunda con su entorno.

Our two clients are friends of longstanding and both practising artists with a young family. Clerkenwell, where the building is situated, developed in the 18th century as a district of houses interspersed with workshops for small-scale precision manufacturing. Our clients' building had been constructed in the early 20th century as a clock-repairing workshop. To manage the limited budget, as much of the

1. Acceso.
   Entrance.
2. Sala de estar/cocina.
   Living room/kitchen.
3. Terraza.
   Terrace.
4. Terraza superior.
   Upper terrace.
5. Lucernario.
   Rooflight.
6. Estudio.
   Studio.
7. Almacén.
   Storage.
8. Salida al parque.
   Exit to park.
9. Dormitorio/salita.
   Bedroom/sitting room.
10. Baño.
    Bathroom.
11. Sala de calderas.
    Boiler room.
12. Dormitorio.
    Bedroom.
13. Aseo.
    WC.

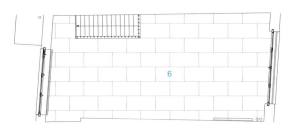

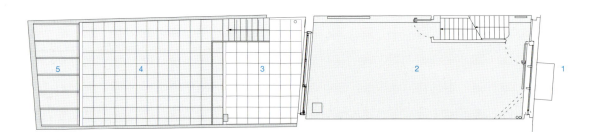
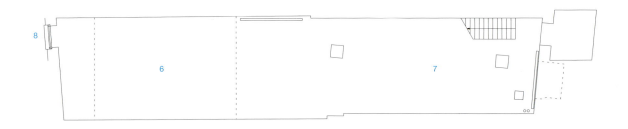

Casa para dos artistas, Londres / House for two artists, London

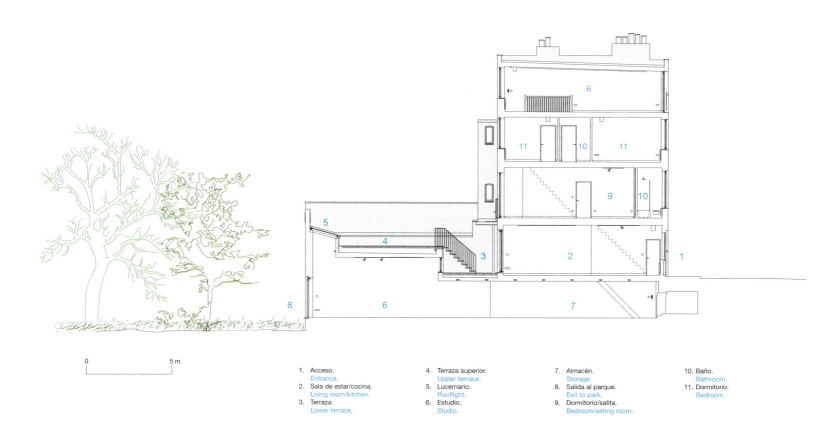

1. Acceso.
   Entrance.
2. Sala de estar/cocina.
   Living room/kitchen.
3. Terraza.
   Lower terrace.
4. Terraza superior.
   Upper terrace.
5. Lucernario.
   Rooflight.
6. Estudio.
   Studio.
7. Almacén.
   Storage.
8. Salida al parque.
   Exit to park.
9. Dormitorio/salita.
   Bedroom/sitting room.
10. Baño.
    Bathroom.
11. Dormitorio.
    Bedroom.

Casa para dos artistas, Londres | House for two artists, London

Edificio de viviendas De Prinsendam, Ámsterdam
De Prinsendam housing, Amsterdam

2004-2010

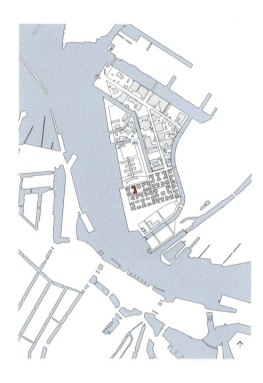

La elaboración de un plan urbanístico para este tipo de proyectos refleja la tensión que existe entre las ideas contemporáneas sobre la imagen de la ciudad y las relaciones de poder entre los que tienen intereses en el emplazamiento. Puede que parezca algo restrictivo pero, desde mi perspectiva de arquitecto londinense, es más bien una situación con un gran potencial creativo.

Cuando el arquitecto proyecta un edificio debe solucionar los problemas inherentes al plan urbanístico, por brillante que este sea, de la misma forma que soluciona constantemente y de forma inconsciente problemas inherentes a la sociedad en la que ha elegido vivir; y debe resolverlos bien, incluso de forma casi magistral, para que dejen de ser problemas y se transformen en ventajas.

Al igual que Antoni Gaudí cuando trabajaba en el ensanche de Barcelona proyectado por Ildefons Cerdà, es posible en una situación de ese tipo crear un edificio que sea un elemento singular y que al mismo tiempo forme parte de la idea de ciudad.

De Prinsendam, nuestro edificio en la zona de Shell Terrien (u Overhoeks, como ha sido rebautizada), al norte de Ámsterdam, es un edificio elegante, revestido de travertino, con ventanas que se repiten de forma hipnótica y enormes balcones en voladizo.

Es así porque su posición, forma, altura y perfil de cubierta estaban ya definidos antes incluso de que recibiésemos el encargo. Sólo quedaban por decidir las fachadas, los materiales, los detalles y, en cierta medida, los apartamentos, siempre y cuando el número y la superficie los mismos se ajustase a lo establecido por el promotor.

La decisión sobre el aspecto de la fachada fue sencilla, el uso de la piedra es indiscutible si nos atenemos a la vista desde el río, en especial el travertino. En cuanto a las aberturas, quería que tuviesen una proporción vertical, con una anchura generosa y separadas por paños macizos, para conseguir la máxima luminosidad en el interior. Al igual que Louis I. Kahn, quería mostrar las posibilidades expresivas de los elementos estándar contemporáneos. Las carpinterías exteriores son de aluminio anodizado de color miel de dos tipos: ventanas oscilobatientes de una hoja, y balconeras de dos hojas también oscilobatientes. Las ventanas del ático son de los mismos tipos, pero ligeramente más amplias puesto que sus marcos está ocultos para que su expresión sea distinta. Los balcones son lo más profundos posible y disfrutan de amplias vistas del río Lj y del edificio de Álvaro Siza situado al otro lado del patio.

A partir de aquí, la expresividad proviene de los acabados, como las variaciones del tamaño de la piedra para ajustarse a la altura de las aberturas, o el hecho de estirar y ampliar la planta de un apartamento para conseguir luz y vistas en una orientación especialmente difícil. Muchas de las ciudades más interesantes se generan de esta forma, con una paleta de materiales limitada que se utiliza con economía funcional, financiera y estética para crear edificios que proporcionan telones de fondo elegantes, pero que cuando se observan con detalle de cerca revelan sus identidades formales individuales.

Master planning for projects such as this reflects the tension between current ideas of the image of the city and power relations between those with interests in the site. This may sound confining, but from my perspective

Planta baja.
Ground floor.

1. Vestíbulo. Lobby.
2. Aparcamiento bicicletas. Bicycle parking.
3. Trasteros. Storage.
4. Terraza. Terrace.
5. Ascensor. Lift.
6. Vestíbulo ascensores. Lift lobby.

Planta segunda a cuarta.
Second to fourth floor.

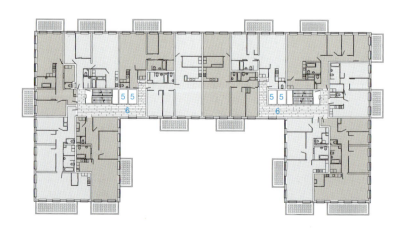

0 10 m

as a London architect it is a situation rich in creative possibilities.

The architect designing an individual building has to solve the problems that will be inherent in the master plan, however brilliant it is—in the same way that we continually and unconsciously solve problems inherent in the society in which we choose to live—and solve them well, even brilliantly, so that they cease to be problems and become advantages.

Like Antoni Gaudí operating within the Barcelona made by Ildefons Cerdà, it is possible in such a situation to make a building that is both highly individual and part of the idea of the city.

De Prinsendam, our building in Shell Terrien in Amsterdam North, or Overhoeks as it has been renamed, is a glamorous travertine-clad building with hypnotically repetitive windows and oversized projecting balconies.

It came to be like that because the position, form, height and roof profile were all fixed before we were even appointed. Only the facades, materials and detailing were undecided, and to an extent the apartments, provided they were to the number and sizes required by the developer.

The facade statement was easy, stone is indisputable when seen from the river, travertine particularly and discretely so. As to the windows, I wanted them to be vertical, generous in width and separated by piers, because this gives luminosity to the interior. Like Louis I. Kahn, I wanted to show the expressive possibilities of contemporary standard components. Windows in the scheme are of honey-coloured anodised aluminium in two types, a single-pane tilt-and-turn window and a pair of tilt-and-turn French doors. Windows in the attic are the same types but slightly larger because their frames are concealed to give a different expression. Balconies were as deep as possible, to look around Álvaro Siza's building on the other side of the courtyard to expansive views of the River Lj.

From there the more subtle expression came in the detailing, in issues such as varying the stone sizes to fit to window heights, or stretching and pushing an apartment plan to get sunlight and view in a difficult orientation.

Many of the best cities are made in this way, in a limited palette of materials deployed with functional, financial and aesthetic economy to produce buildings that provide elegant backgrounds, but on closer observation revealing individual formal identities.

Planta quinta.
Fifth floor.

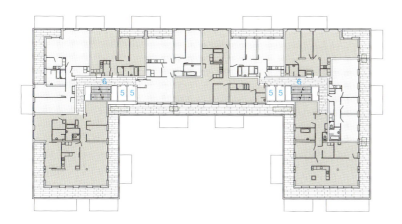

Emplazamiento Location **B-1-2 Shell Terrein, Ámsterdam/**
Amsterdam | Equipo Design team **Tony Fretton, Jim McKinney, David Owen, Steinthor Kari Karason, Donald Matheson, Sandy Rendel, Martin Nässén, Annika Rabi, Matthew Barton, Guy Derwent** | Proyecto Design years **2004-2007** | Construcción Construction years **2007-2010** | Ingenieros Engineers **Ingenieursbureau Zonneveld (estructura/***structural engineers***); Halmos Adviseurs Installaties (instalaciones/***services***)** | Consultores técnicos Technical consultants **Geurst en Schulze Architecten (arquitectos ejecutivos/***executive architects***); BBN Adviseurs (mediciones y presupuesto/***quantity surveyor***)** | Cliente Client **ING Real Estate** | Superficie Surface area **10.700 m²/***10,700 m²* | Render Visualisation **Hayes Davidson**

Galería y viviendas AG Leventis, Nicosia
AG Leventis Gallery and apartments, Nicosia

2007

Durante el período de dominación de Venecia, en Nicosia fueron construidas unas nuevas murallas en forma de estrella que siguen existiendo y delimitando la ciudad. En la actualidad se encuentran rodeadas por una ciudad más grande y peor planificada, de edificios bajos y blancos que bordean sus calles. Entre estos edificios, con leves características del movimiento moderno, se encuentran puntualmente otros oficiales, construidos en algunos casos con piedra local en un dudoso estilo colonial y, a veces, rodeados por su propio jardín. A esta ciudad se le superponen una serie de torres bajas de construcción más reciente, retranqueadas respecto la calle y construidas siguiendo distintos estilos modernos y posmodernos poco consistentes. Los callejones, las calles y los espacios de esta parte de la ciudad poseen un carácter aleatorio, con bulevares y plazas sólo parcialmente superpuestos al orden superior de la ciudad.

Entre las actividades de la Fundación AG Leventis se encuentran la educación, la protección del medio ambiente, el estudio del arte helénico y la cultura y política chipriotas en su museo ubicado en la ciudad vieja. La fundación organizó un concurso para construir un nuevo edificio para su colección de arte chipriota de los siglos XIX y XX, en una ubicación cercana a la ciudad vieja y que incorporara un espacio para exposiciones, un espacio público al aire libre, así como viviendas y un restaurante. Nuestro proyecto propone un edificio de baja altura, que alberga el museo y el restaurante, siguiendo la alineación de la calle, y que, al retranquearse respecto a ella, crea una plaza pública desde la que se accede a las viviendas y al museo. Sobre este último se eleva una torre de viviendas con balcones en voladizo y rodeada por un cerramiento de protección solar de forma elíptica.

La torre señala la posición del museo dentro de la ciudad, proporcionándole identidad, y la relación de la plaza con los dos edificios públicos de la calle, la Misión Militar Griega y el Conservatorio de Música, confiere significación al emplazamiento. Los árboles de la plaza serán de variedades caducifolias para ofrecer sombra en verano y permitir el paso de la luz en invierno, y los jardines que se plantarán en las lindes sur y oeste del emplazamiento será visibles desde la planta baja del edificio, para enriquecer la experiencia de la plaza y de las áreas públicas del museo. Una escalera y un ascensor de vidrio conducen a las galerías de la primera planta. Sus techos son de vidrio traslúcido para posibilitar distintas combinaciones de luz natural y artificial. La instalación de aire acondicionado fue algo inevitable, ya que, en un clima como el de Nicosia, se tenían que obtener unos niveles estables de temperatura y humedad que permitieran conservar la colección. Sin embargo, el consumo de energía se reduciría drásticamente mediante vestíbulos profundos que limitarían la entrada de aire caliente del exterior, y una fachada con gran masa y muy aislada para proteger del sol. Nuestro proyecto prevé instalaciones mecánicas eficientes en términos energéticos e iluminación fluorescente controlada por sencillos sensores para reducir los consumos innecesarios, así como el empleo de la mayor cantidad de energía posible procedente de fuentes renovables, como el agua freática y los paneles solares. En el proyecto también se ha previsto espacio suficiente para instalar en el futuro tecnología más avanzada y económicamente eficiente. El cerramiento elíptico que rodea las viviendas proporciona protección solar y un microclima de vegetación, y la forma de la planta posibilita la ventilación cruzada.

En Nicosia el invierno puede ser frío, por lo que se propuso un sistema de calefacción por bomba de calor para los apartamentos, así como unas fachadas con un alto grado de aislamiento térmico. La energía empleada en la construcción se minimizaría empleando materiales locales reciclados y obteniendo en la zona los de mayor masa, como el hormigón y los áridos, mientras que los materiales altamente eficientes y más ligeros podrían ser transportados desde zonas más alejadas.

A pesar de que el proyecto no se ha construido, forma parte de nuestro enfoque en el desarrollo de una construcción sostenible en otros países. Un aspecto central de nuestra forma de trabajo es crear conexiones beneficiosas entre el proyecto y su contexto físico, social y económico. En el caso de Nicosia, identificamos una cultura constructiva a partir de la cual desarrollamos una arquitectura con posibilidades nuevas y positivas que reducía el uso de energía y materias primas a través de medios que invitaban a la participación y la aceptación públicas.

Nicosia was fortified anew under the rule of the Venetians and still stands within its star-shaped walls. It is now surrounded by a larger, less well-planned city of low, white stucco buildings edging the streets. Residually modernist in style, they are punctuated by official buildings, sometimes standing in their own gardens and constructed of local stone in an uncertain colonial manner. Overlaid is a more recent array of low towers, set back from the street and rendered in a variety of imprecise modernist and postmodernist styles. The alleys, streets and spaces of this part of the city have a random quality with formal boulevards and squares only partially superimposed. The activities of the AG Leventis Foundation include education, environmentalism, the study of Hellenic art and in its museum in the old city, Cypriot culture and politics. For its collection of 19th- and 20th-century Cypriot art, the Foundation launched an invited competition for

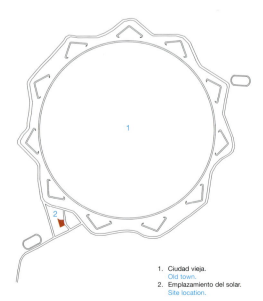

1. Ciudad vieja.
   Old town.
2. Emplazamiento del solar.
   Site location.

a new building in a location close to but outside the old city, which was to provide a gallery, a public open space and apartments, and a commercial restaurant.

In our scheme a low building containing the museum and restaurant is placed along the street, which sets back to form a public courtyard through which the apartments and museum are entered. Above it the apartments are arranged as a tower, surrounded by planting and detached balconies within an elliptical sun-shielding enclosure.

The tower provides identity for the museum across the city, and the relation of the courtyard to the two public buildings in the street, the Greek Military Mission and the Arte Music Conservatory, gives cultural significance to the locale. Trees in the public courtyard would be deciduous to allow shade in summer and sunlight in winter, and planted gardens along the south and west boundaries of the site would be visible through the ground floor of the building, to give more layers of experience to the courtyard and the public areas of the museum. A stair and glass-sided lift lead from these to a single level of galleries on the first floor. Ceilings in the galleries are of translucent glass, making possible different combinations of daylight and artificial light. Air-conditioning was accepted as inevitable to provide the stable levels of temperature and humidity required to conserve the collection in the Nicosia climate. However, energy consumption would be extensively minimised by deep lobbies that limit the entry of hot external air to the building, and a massive, highly insulated, external envelope from the sun. Energy-efficient mechanical equipment and sensor-controlled fluorescent lighting would be used, with easily understood controls to reduce unnecessary use. As much energy as possible would be provided from renewable sources such as ground water and solar panels, and space made in the scheme to install more advanced and cost-effective technology in the future. Sun-shading and a microenvironment of plants are provided by the elliptical enclosure around the apartments, and cross-ventilation is made possible by their plan shapes. Winter can be cold in Nicosia and a heat-reclaiming ventilation system was proposed along with highly insulated external walls to the apartments. Energy used in construction would be minimised by using locally reclaimed materials and locally sourcing high-mass items such as concrete and aggregate, while highly efficient low-mass items could be transported from further afield.

Although not built, the scheme is part of our developing approach to working sustainably in other countries. A central aspect of the way we work is to create beneficial connections between the project and its physical, social and economic contexts. In Nicosia we identi-

fied a culture of building from which we evolved architecture with new and positive possibilities, which reduced the use of energy and resources in ways that invited public participation and acceptance.

Emplazamiento Location **Nicosia, Chipre/*Cyprus*** | Equipo Design team **Tony Fretton, Jim McKinney (arquitectos directores del estudio/*principals*); David Owen, Sandy Rendel (arquitectos asociados/*associates*); Michael Lee (arquitecto jefe de proyecto/*project architect*), Laszlo Csutoras, Guy Derwent, Clemens Nuyken, Max Lacey, Gus Brown, Simon Jones** | Concurso Competition **2007** | Ingenieros Engineers **Buro Happold (estructura e instalaciones/*structural engineers and services*)** | Cliente Client **A. G. Leventis Foundation** | Superficie Surface area **7.950 m²/ *7,950 m²*** | Renders y fotografías de maqueta Visualisations and model photographs **Tony Fretton Architects**

1. Vestíbulo.
   Entrance foyer.
2. Escalera hacia la galería en la primera planta.
   Stairs to first-floor gallery.
3. Ascensor de la galería.
   Lift to first-floor gallery.
4. Guardarropía.
   Coats.
5. Control seguridad.
   Security.
6. Biblioteca.
   Library.
7. Sala para actividades educativas.
   Education seminar room.
8. Cafetería.
   Café.
9. Terraza de la cafetería.
   Café garden.
10. Cocina.
    Kitchen.
11. Auditorio.
    Auditorium.
12. Sala de personal y baños.
    Staff rest room and lavatories.
13. Oficinas.
    Support offices.
14. Despacho dirección.
    Director's office.
15. Jardín del director.
    Director's garden.
16. Acceso viviendas.
    Residential entrance.
17. Vestíbulo viviendas.
    Residential lobby.
18. Restaurante.
    Restaurant.
19. Rampa acceso aparcamiento.
    Ramp down to carpark.

Planta baja.
Ground floor.

Galería y viviendas AG Leventis Gallery and
AG Leventis, Nicosia apartments, Nicosia

Plantas segunda a doceava.
Second to twelfth floor.
1. Vestíbulo.
   Lobby.
2. Vivienda de un dormitorio.
   One-bedroom apartment.
3. Vivienda de dos dormitorios.
   Two-bedroom apartment.
4. Vivienda de tres dormitorios.
   Three-bedroom apartment.
5. Terraza.
   Balcony.

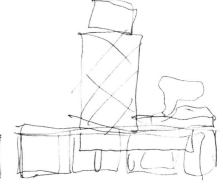

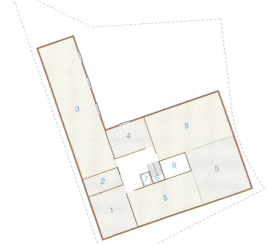

Planta primera.
First floor.
1. Colección de arte chipriota.
   Cyprus collection.
2. Colección de los fondos.
   Reserve collection.
3. Colección de París.
   Paris collection.
4. Exposiciones temporales.
   Temporary exhibitions.
5. Colección griega.
   Greek collection.
6. Escaleras hacia la planta baja.
   Stairs to ground floor.
7. Ascensor hacia la planta baja.
   Lift to ground floor.
8. Núcleo de las viviendas.
   Residential lift and stair core.

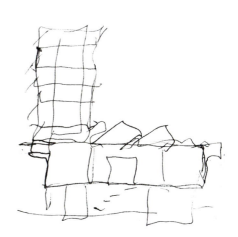

  0   10 m

Museo, teatro y centro social, Vejle
Museum, theatre and social centre, Vejle

2006

Durante más de cien años, la Hilandería de Vejle (Spinderihallerne) fue un elemento fundamental del barrio industrial del oeste de la ciudad. Desde su cierre, las instalaciones han sido utilizadas por artistas y artesanos, grupos comunitarios y pequeños negocios. El ayuntamiento de Vejle, apoyado por la Fundación Realdania, deseaba ampliar las actividades que se desarrollaban en el lugar y otorgarles una dimensión pública, por lo que convocó un concurso restringido para escoger un proyecto arquitectónico que transformase el edificio en un espacio donde el arte, los negocios y la comunidad coexistiesen de forma sinérgica.

La hilandería estaba formada por una serie de edificios de distintos tipos y tamaños, consecuencia de las sucesivas adiciones que se fueron construyendo a lo largo del tiempo. El mayor de ellos consistía en una gran fábrica de estructura de hormigón con una serie de salas de cubierta abovedada que recibía la luz natural desde el norte. Alrededor de ella se distribuían otros edificios más pequeños, con una configuración menos impactante pero un carácter propio.

El proyecto debía ofrecer un gran número de oficinas, estudios y talleres compartidos, además de instalaciones administrativas de apoyo y salas de reunión con capacidad de ser reconfiguradas según los distintos tipos de uso. Además, el proyecto debía incorporar espacios para el Teatro de Aficionados Vejle, el Club de Boxeo Wedala, que ya ocupaba parte de la hilandería, y también para el Museo Vejle y el Teatro Infantil Trekanten, instituciones que ya estaban establecidas en la comunidad. Un aspecto significativo del proyecto era la creación de una gran cafetería restaurante abierta al público hasta la noche.

Desde nuestro punto de vista, la inversión vital de las personas de Vejle que habían trabajado en la hilandería la había convertido en una entidad colectiva, y nuestro planteamiento arquitectónico fundamental era abrir el complejo a la ciudad para lograr un trabajo creativo y un disfrute público renovados.

Para conseguir este objetivo con un presupuesto limitado, propusimos dos estrategias: derribar selectivamente partes del edificio para otorgarle funcionalidad, significado y acceso público, y ubicar las partes más significativas del programa en las zonas más singulares de los edificios.

Así, el Museo Vejle se emplazó en las salas con cubiertas abovedadas, que disfrutan de vistas del acceso más importante desde la ciudad, gracias a los grandes ventanales abiertos en la fachada. A su lado, la fachada se elimina para dejar a la vista la cafetería restaurante y los estudios situados detrás, en la fábrica con iluminación norte. Al igual que sucede en el SESC Pompeia de Lina Bo Bardi en São Paulo, la cafetería restaurante se concibió como una sala de estar pública y un espacio para la interacción creativa de los que trabajan en el complejo, los visitantes del museo, los niños que esperan a que empiece la representación, los miembros del club de personas mayores y las personas que leen o conversan mientras toman una taza de té. Cuando haga buen tiempo, esas actividades podrán desarrollarse también en el jardín situado junto al museo y la cafetería. Más allá se construirán canchas deportivas donde poder alejarse de este ambiente comunitario y practicar distintos deportes.

Los estudios y los espacios de trabajo se extienden desde la cafetería restaurante hacia el interior del edificio, y están dispuestos a lo largo de dos patios alargados vaciados en la estructura original. Un largo corredor público atraviesa el edificio en perpendicular a los patios, y cuenta con vistas sobre ellos y de los estudios a uno de los lados, y al otro, de los vestíbulos del club de boxeo y del teatro de aficionados, donde se exponen objetos relacionados con estas disciplinas. El pavimento del corredor se transforma en otro cuyos motivos crean una atmósfera mágica que conduce al teatro infantil situado bajo una cubierta de vidrio y las estrellas.

For more than a hundred years Vejle Spinning Mill was a major element of the city's industrial West Town district. Since closing, it has been informally occupied by artists and craft workers, community groups and small businesses. Vejle municipality, supported by the Realdania Foundation, sought to expand the existing activities and bring a public dimension to them, and launched a limited competition for an architectural scheme to alter the building so that art, business and the community would co-exist in synergy.

Having developed additively over a long period, the Spinning Mill consisted of a range of different types and scales of building. The largest of these were an extensive, north-lit, concrete-framed factory and a series of halls with concrete vaulted roofs. Around and adjacent to them were smaller buildings, less striking in structure but with individual character. The scheme had to provide a large number of offices, studios and shared workshops with supporting office facilities and meeting rooms that could be reconfigured for changing patterns of use. Alongside were to be new premises for the Vejle Amateur Theatre and Wedala Boxing Club, which already occupied parts of the Spinning Mill, and the Vejle Museum and Trekanten Children's Theatre, which were already established in the community. Most significantly, there was to be a large and very public café-restaurant that opened into the evening.

In our view, the investment of the working lives of the people of Vejle into the spinning mill had made it a collective entity, and our primary architectural statement would be to open it to the city for renewed creative work and public enjoyment.

To bring this into effect with the limited budget, we proposed two strategies: the selective cutting open of the building fabric to give functionality, meaning and public access, and the placing of significant parts of the programme in the most distinctive areas of the buildings. The Vejle Museum is placed in the vaulted halls looking out to the main approach from the city through large glazed figures cut into the facade. On the adjoining side the facade is taken away to reveal the café-restaurant and studios behind it, located in the north-lit factory. As in Lina Bo Bardi's SESC Pompeia in São Paulo, the café-restaurant was intended as a public living room and place of creative interaction for those working here, visitors to the museum, children waiting for the theatre to begin, members of the seniors club and people spending time reading or talking to each other over a cup of tea. In fine weather those activities could spill into the garden outside the museum and café, while further out there were enclosed courts in which people could flee this communality and play highly competitive sports.

Studios and workspaces extend from the café-restaurant into the building, arranged around

two long courts cut into the structure. A long public corridor at right angles to them runs through the building, offering views into the courts and studios on one side and on the other to the foyers of the boxing and amateur theatre, with their displays of memorabilia. The floor of the corridor becomes patterned and magical before leading out beneath a glass roof under the stars to the children's theatre.

Emplazamiento Location **Vejle, Dinamarca/*Denmark*** | Equipo Design team **Tony Fretton, Jim McKinney (arquitectos directores del estudio/*principals*); David Owen y/*and* Sandy Rendel (arquitectos asociados/*associates*); Simon Jones y/*and* Donald Matheson (arquitectos jefe de proyecto/*project architects*); Michael Lee, Matt Barton, Guy Derwent, Max Lacey, Annika Rabi, Gus Brown** | Concurso Competition **2006** | Ingenieros Engineers **Esbensen Rådgivende Ingeniører A/S** | Consultores técnicos Technical consultants **BBP Arkitekter A/S** | Cliente Client **Vejle Local Authority y/*and* Realdania Foundation** | Superficie Surface area **11.500 m²/*11,500 m²*** | Fotografías Photographs **David Grandorge**

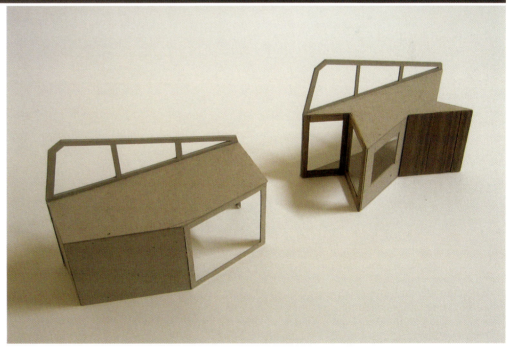

Lina Bo Bardi, SESC Pompéia, 1977-1986. Imagen de referencia.
Lina Bo Bardi, SESC Pompéia, 1977-1986. Reference image.

Museo, teatro y centro social, Vejle

Museum, theatre and social centre, Vejle

**Planta baja.
Ground floor.**

1. **Museo.
   Museum.**
   1a. Acceso al museo.
       Museum entrance.
   1b. Espacios expositivos.
       Exhibition spaces.
   1c. Recepción de la zona de historia.
       History laboratory reception area.

2. **Acceso a la primera planta y del personal de Biz-Art.
   Staff entry and access to first-foor.**
   2a. Administración de Biz-Art.
       Biz-Art administration area.
   2b. Estudios y oficinas de Biz-Art.
       Biz-Art studios and office space.
   2c. Talleres de Biz-Art.
       Biz-Art workshop space.

3. **Teatro Trekanten.
   The Trekanten Theatre.**
   3a. Acceso. Entrance.
   3b. Vestíbulo. Foyer.
   3c. Taquilla. Tickets.
   3d. Guardarropía. Coats.
   3e. Aseos. Public toilets.
   3f. Almacén limpieza.
       Cleaners store.
   3g. Almacén. Storage.
   3h. Sala. Auditorium.
   3i. Escenario. Stage.
   3j. Bastidores. Backstage.
   3k. Taller. Workshop.
   3l. Acceso mercancías.
       Delivery and goods access.
   3m. Acceso escenario y del personal.
       Stage door and staff entry.
   3n. Camerinos. Dressing rooms.

4. **Teatro amateur de Vejle.
   Vejle Amateur Theatre.**
   4a. Acceso. Access.

5. **Club de jubilados.
   The Veterans Senior Club.**
   5a. Acceso. Main entrance.
   5b. Guardarropía y aseos.
       Cloakroom and toilets.
   5c. Sala de descanso. Quiet room.
   5d. Salas de estar. Sitting rooms.
   5e. Cocina. Kitchen.

6. **Club de boxeo Wedala.
   The Wedala Boxing Club.**
   6a. Escalera. Staircase.

7. **Zona comunitaria.
   Shared meeting facilities.**
   7a. Espacio de encuentro comunitario.
       Shared meeting space.

8. **Cafetería/cocina.
   Café/kitchen.**
   8a. Acceso. Entrance.
   8b. Comedor. Dining area.
   8c. Bar. Lounge area.
   8d. Aseos. Public toilets.
   8e. Cocina. Kitchen.
   8f. Office. Servery.

9. **Zona multifuncional.
   Multi-purpose hall.**

10. **Otros usos.
    Other functions.**
    10a. Sala de estar cívica.
         Civic lounge.

11. **Hilandería.
    General Spinning Mill facilities.**
    11a. Acceso. Entrance.
    11b. Recepción. Reception.
    11c. Vitrinas de la biblioteca del museo.
         Museum library display case.
    11d. Aseos. Public toilets.
    11e. Vitrinas de Biz-Art.
         Biz-Art display case.
    11f. Vitrinas club boxeo.
         Boxing Club display case.
    11g. Acceso este.
         East main entrance.

12. **Instalaciones exteriores.
    External facilities.**

0   10 m

| Museo, teatro y centro social, Vejle | Museum, theatre and social centre, Vejle |

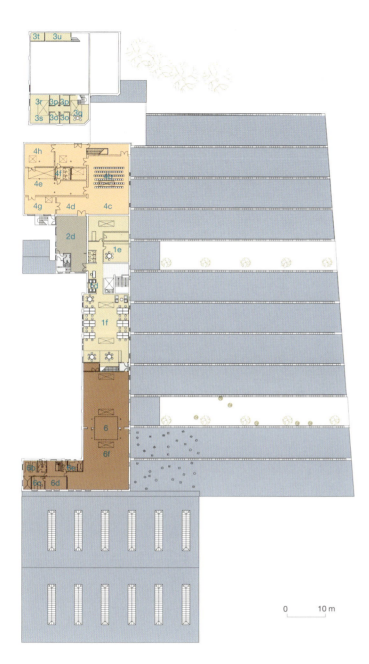

Planta primera.
First floor.

1. **Museo.**
   Museum.
   1d. Sala.
   Waiting/break out space.
   1e. Despachos comisarios.
   Office area for curators.
   1f. Administración.
   Administration.

2. **Biz-Art. BIZ-Art.**
   2d. Oficinas de Biz-Art.
   Biz-Art office space.

3. **Teatro Trekanten.**
   The Trekanten Theatre.
   3o. Despacho.
   Office.
   3p. Aseos personal.
   Staff toilet.
   3q. Espacio comunitario.
   Shared area.
   3r. Taller vestuario.
   Costume workshop.
   3s. Almacén vestuario.
   Costume store.
   3t. Almacén.
   Store.
   3u. Instalaciones.
   Technical gallery.

4. **Teatro amateur de Vejle.**
   Vejle Amateur Theatre.
   4b. Sala.
   Auditorium.
   4c. Escenario.
   Stage.
   4d. Bastidores.
   Backstage area.
   4e. Camerinos.
   Dressing rooms.
   4f. Aseos.
   Public toilets.
   4g. Ensayos.
   Rehearsal.
   4h. Taller.
   Workshop.

6. **Club de boxeo Wedala.**
   The Wedala Boxing Club.
   6b. Vestuario masculino.
   Men's changing.
   6c. Vestuario femenino.
   Women's changing.
   6d. Cafetería/bar.
   Café/bar.
   6e. Almacén.
   Depot.
   6f. Gimnasio.
   Gym.

0   10 m

Entrada posterior con limusina.
Back entrance with limousine.

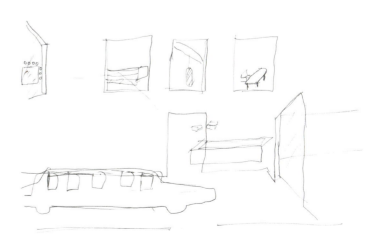

Viviendas en Vassall Road, Londres
Vassall Road housing, London

2004-2008

Casas del entorno.
Cottages in the neighbourhood.

Al igual que muchas zonas del centro de Londres, el barrio donde esta ubicado este edificio fue urbanizado en el siglo XVIII para crear una zona suburbana con casas de cierta categoría. Enfrente del edificio se encuentra un grupo de villas pareadas, con grandes ventanas y fachadas de ladrillo; más abajo, en la misma calle, existe un conjunto de pequeñas casas frente a la ancha acera de piedra.
A principios de la década de 1960, por razones justificadas, se reconstruyó el lado de la calle donde está ubicado el edificio para crear un complejo bien planteado de viviendas sociales de ladrillo que, posteriormente, y por razones menos justificadas, fue modificado instalando carpinterías de plástico en las ventanas y cubiertas inclinadas. Gracias a un acuerdo entre el promotor, que era nuestro cliente, y la asociación de viviendas sociales pudimos proyectar un edificio de viviendas de promoción libre en un solar que forma parte del complejo residencial social, con fachada a Vassall Road y una clínica en la planta baja. Este hecho es un reflejo de la realidad actual en Reino Unido en lo que respecta a las soluciones regidas por el mercado y su carencia de simbolismo colectivo coherente. Nuestro proyecto aborda este último aspecto. Las viviendas están proyectadas para satisfacer las necesidades de familias de pocos miembros, parejas jubiladas o personas solteras que trabajan desde casa, y la intención es que se que conviertan en una comunidad dentro del barrio. El edificio se presenta como una hilera de casas adosadas dentro de un jardín cercado por una verja, y está formado por el consultorio médico en planta baja, sobre el que se sitúan los dúplex, y un volumen más alto en la esquina, también con viviendas. Las ventanas y los balcones de la primera planta responden a la escala más pequeña de las villas ubicadas enfrente, y las fachadas de ladrillo están pintadas con una delgada capa de pintura mineral de color negro para simular la antigüedad de la obra de ladrillo de los edificios del entorno.
Un vestíbulo de entrada en uno de los extremos conduce a una pasarela exterior situada detrás del edificio, a lo largo de la que se han dispuesto patios desde los que se accede a los dúplex y que conforman un espacio informal contiguo a la cocina donde se puede comer al aire libre. Este conjunto de elementos crea un potencial espacio de sociabilidad, mientras que los balcones que dan a la calle, orientados al sur y al jardín, establecen una conexión con el conjunto del barrio.

As in many parts of inner London, the district in which the building is situated was developed as an 18th-century suburb with houses of some dignity. Opposite are paired villas with large windows in brick facades, further down the street an array of cottages and small houses facing a wide stone pavement. For sound reasons the side of the street where the building stands was rebuilt in the early 1960s as well-composed brick social housing, to which later and for less sound reasons, plastic-framed windows and pitched roofs were installed. In a deal between our developer client and the social housing association we designed apartments for sale on a piece of land in the social housing estate facing Vassal Road, with a doctor's clinic on the ground floor. All of this reflects the present prevailing mood in the UK for market-led solutions and its lack of coherent collective symbolism. It was the latter that is addressed in our scheme.

Apartments in our scheme are scaled to appeal equally to small families, retired couples or single people working from home, and are designed to be a community within the neighbourhood. In design the building presents itself as a formal terrace within a railed garden, consisting of the doctor's surgery as a base and duplexes and a corner tower of apartments above it. Windows and balconies at the first floor are a response at a smaller scale to the villas opposite, and the brick facades are lightly overpainted with black mineral paint to simulate the aged quality of the brickwork in the locale.

An entrance lobby in the side leads up to an open-air walkway behind the building, along which are ranged patios that provide the entrance to the duplexes and an informal place outside the kitchen in which to eat. Together, these elements give a place of potential sociability, while the balconies to the street, facing south over the garden and into the trees, give connections to the wider neighbourhood.

Emplazamiento Location **89 Vassall Road, Lambeth, Londres/London** | Equipo Design team **Tony Fretton, Jim McKinney (arquitectos directores del estudio/principals); David Owen (arquitecto asociado/associate), Michael Lee (arquitecto jefe de proyecto/project architect), Simon Jones, Annika Rabi, Sandy Rendel, Nina Lundvall, Matthew Barton, Max Lacey, Martin Nässén** | Proyecto Design years **2004-2006** | Construcción Construction years **2006-2008** | Ingenieros Engineers **Jampel Davison & Bell (estructura/structural engineers); Bailey Associates (instalaciones/services)** | Consultores técnicos Technical consultants **Smith Turner (mediciones y presupuesto/ quantity surveyor); Schoenaich Landscape Architects Ltd (paisajismo/landscape design)** | Cliente Client **Cheeky Chappy Development Co. (Servite & Baylight)** | Superficie Surface area **1.490 m²/1,490 m²** | Fotografías Photographs **David Grandorge, Tony Fretton Architects** | Render Visualisation **Stephen Whitton**

Viviendas en Vassall Road, Londres   Vassall Road housing, London

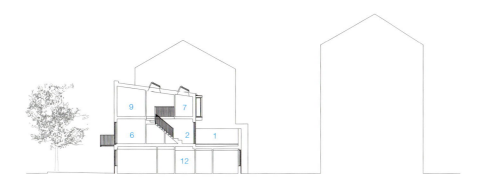
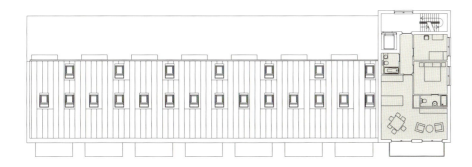

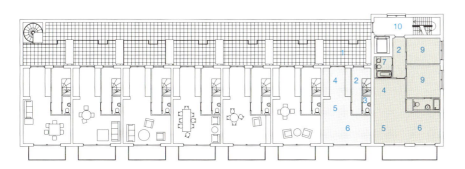
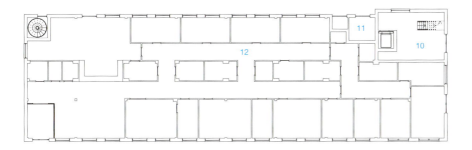

1. Terraza. / Yard.
2. Vestíbulo. / Hall.
3. Aseo. / WC.
4. Cocina. / Kitchen.
5. Comedor. / Dining area.
6. Sala de estar. / Living room.
7. Baño. / Bathroom.
8. Baño del dormitorio principal. / En suite bathroom.
9. Dormitorio. / Bedroom.
10. Circulación vertical viviendas. / Residential circulation.
11. Cuarto de basuras viviendas. / Residential refuse.
12. Clinica. / Doctor's surgery.

Instituto de Artes Interdisciplinares Contemporáneas (ICIA), University of Bath
Institute of Contemporary Interdisciplinary Arts, University of Bath

2007

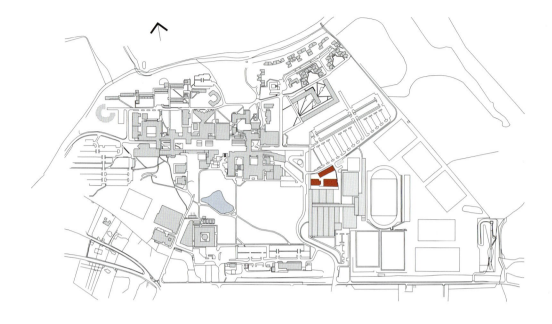

El Instituto de Artes Interdisciplinares Contemporáneas (Institute of Contemporary Interdisciplinary Arts, ICIA) funciona como centro universitario de artes teatrales, visuales y artesanales, y actualmente ocupa el espacio del Art Barn, un conjunto de edificios famoso, obra de los arquitectos Alison y Peter Smithson. Concebido por ellos como un lugar en el extremo del campus con hermosas vistas, el conjunto se ha visto rodeado desde entonces por un gran complejo deportivo universitario.

El programa de necesidades del concurso definía la creación de una gran cantidad de espacios nuevos, incluidos un nuevo teatro, estudios y dos salas para ensayos de orquesta, una grande y una pequeña. Por otra parte, era necesario que el proyecto incorporara el edificio del auditorio de los Smithson, que seguiría en funcionamiento.

Nuestro proyecto prevé un teatro ubicado frente a la sala de los Smithson, con un nuevo vestíbulo de cubierta de vidrio compartido entre ambos. Enfrente se encuentra un edificio de estudios, a lo largo de la calle lateral y proyectado como espacio diáfano adaptable a diversas circunstancias, que alberga las oficinas del ICIA y una cafetería. Entre ambos grupos de edificios se ha dispuesto un gran espacio cuya parte posterior puede cerrarse para permitir el ensayo de orquestas o abrirse en caso de representaciones públicas. También podrá utilizarse para desarrollar cualquier tipo de actividad creativa.

La flexibilidad de este espacio y de los estudios refleja la idea del ICIA: que las fronteras entre las diversas formas artísticas están cambiando.

The ICIA functions as a student arts centre for theatre and visual arts and crafts, and currently occupies the arts barn and arts lecture theatre, a group of buildings that is famous in the œuvre of its designers Alison and Peter Smithson. Conceived by them as a place on the edge of the campus overlooking fine views, it has since been surrounded by a large university sports complex.

In the competition brief a large amount of new accommodation was to be provided that included a new theatre and studios and a large and small orchestral rehearsal space, while the arts lecture theatre building by the Smithsons was to remain operational and be incorporated into the scheme.

In our design the new theatre faces the Smithson lecture hall, and a new, glass-roofed, shared foyer is made between them. Opposite these is a studio building, placed along the side street and designed as reconfigurable loft space. In the illustration the studio facing the public side is shown in use as a small rehearsal and recital space. Between the two groups of buildings is a public concourse facing the main road into the campus, which holds the ICIA office, a café and box office. At the rear it can be closed off for orchestral rehearsals or opened for public performances. At other times it provides a non-specific place for creative activity.

The flexibility of this space and the studios reflects the ICIA's idea that the boundaries between individual art forms, and art and science arts are shifting.

Emplazamiento Location **Claverton Down campus, Bath** | Equipo Design team **Tony Fretton, Jim McKinney** (arquitectos directores del estudio/*principals*); **David Owen** y/*and* **Sandy Rendel** (arquitectos asociados/*associates*); **Tom Grieve, Nina Lundvall, Michael Lee, Martin Nässén, Laszlo Csutoras, Max Lacey** | Concurso Competition **2007** | Consultores técnicos Technical consultants **Carr and Angier (teatro/*theatre*); Capita Symonds (mediciones y presupuesto/*quantity surveyor*)** | Cliente Client **University of Bath** | Superficie Surface area **4.272 m²/*4,272 m²*** | Renders Visualisations **Hayes Davidson**

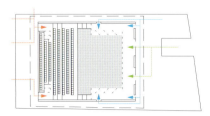

Escenario en un extremo: 220 localidades platea, 90 localidades galería.
End stage: 220 stalls seats, 90 gallery seats.

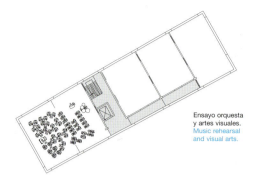

Ensayo orquesta y artes visuales.
Music rehearsal and visual arts.

Invernadero.
Conservatory.

Disposición central: 249 localidades platea, 110 localidades galería.
Thrust: 249 stalls seats, 110 gallery seats.

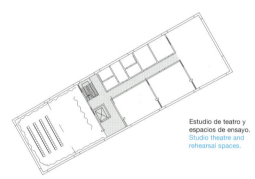

Estudio de teatro y espacios de ensayo.
Studio theatre and rehearsal spaces.

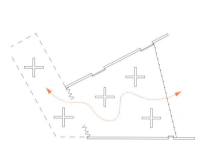

Sala de exposiciones.
Exhibition space.

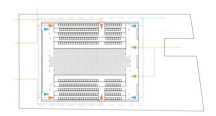

Disposición lateral: 262 localidades platea, 56 localidades galería.
Traverse: 262 stalls seats, 56 gallery seats.

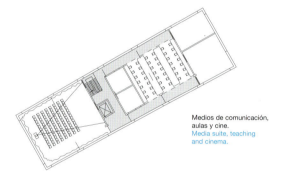

Medios de comunicación, aulas y cine.
Media suite, teaching and cinema.

Sala de ensayos.
Ensemble rehearsal hall.

Configuraciones de la sala de teatro.
Theatre arrangements.

Configuraciones de los estudios.
Studio arrangements.

Configuraciones del espacio polivalente.
Concourse arrangements.

Instituto de Artes Interdisciplinares Contemporáneas (ICIA), University of Bath

Institute of Contemporary Interdisciplinary Arts, University of Bath

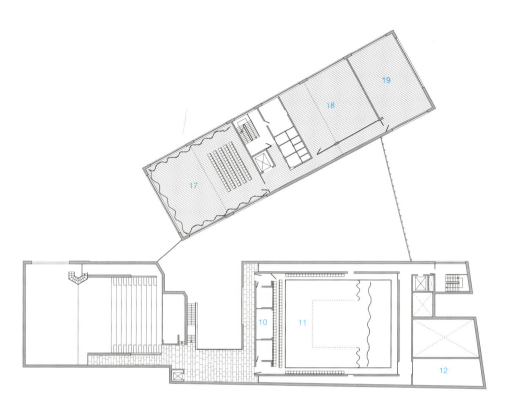

Planta primera.
First floor.

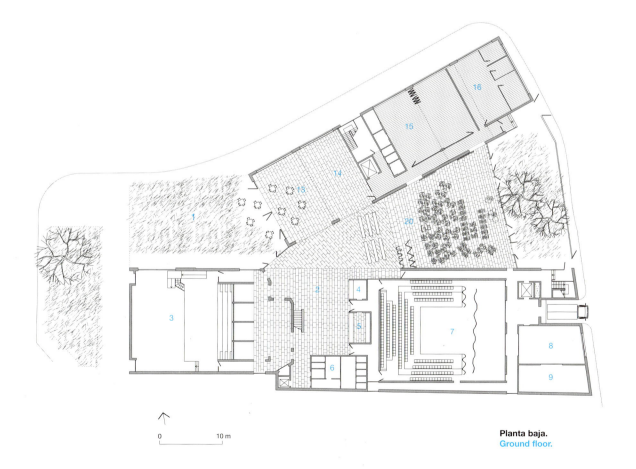

Planta baja.
Ground floor.

Teatro.
Theatre.
1. Patio de acceso.
   Entrance court.
2. Vestíbulo.
   Entrance foyer.
3. Auditorio existente.
   Existing arts lecture theatre.
4. Taquilla.
   Box office.
5. Bar.
   Bar.
6. Aseos.
   Toilets.
7. Sala del teatro.
   Theatre auditorium.
8. Sala de ensayos.
   Drama workshop.
9. Almacén de decorados.
   Scenery storage.
10. Sala de control.
    Control room.
11. Anfiteatro.
    Auditorium, gallery level.
12. Almacén.
    Storage.

Estudios.
Studio building.
13. Acceso.
    Gate.
14. Sala de exposiciones.
    Exhibition gallery.
15. Aula.
    Teaching space.
16. Oficinas.
    Offices.
17. Estudio de teatro.
    Performance studio.
18. Sala de ensayos.
    Rehearsal space.
19. Estudio de danza.
    Dance studio.

Espacio polivalente.
Concourse.
20. Sala de ensayos/espacio polivalente.
    Ensemble rehearsal/concourse.

Casa Kapoor
Kapoor House

2004-2008

Esta casa ocupa un interesante solar, largo y relativamente estrecho, en Chelsea. El solar comienza en la calle principal, bajo un edificio de apartamentos, continúa entre altos muros sin ventanas y termina en otra pequeña calle posterior. Nuestros clientes, Anish y Susanne Kapoor y su familia, consideraban que el atractivo del emplazamiento residía en su capacidad de proporcionar un espacio largo y continuo en la planta baja que les permitiera vivir, recibir a los amigos y exponer obras de arte. En nuestro proyecto, este espacio adopta la forma de varias zonas de distinto carácter, distribuidas alrededor de fuentes de luz y vistas, y conectadas entre sí mediante visuales que cambian de dirección y por la continuidad de los acabados.

Las entradas a la casa y al garaje desde la calle están ubicadas a cada uno de los lados del vestíbulo de entrada del edificio de viviendas existente. La luz natural difusa penetra en el vestíbulo a través de las ventanas de vidrio esmerilado que dan a la calle. En él se ha dispuesto un gran armario para los abrigos y los zapatos, espacio para un sofá o un banco y también para colocar obras de arte, además de una escalera que desciende hasta el dormitorio de invitados y la sala de juegos en el sótano. El pavimento es de piedra de Hopton Wood color miel —un material que se utiliza habitualmente para las esculturas contemporáneas— y se extiende hasta las zonas de estar. En este pavimento se han colocado dos hileras discontinuas de piedra Mandale de color gris con fósiles incrustados, mientras que un cambio de plano iluminado en el falso techo completa la composición. Tanto el falso techo como el suelo presentan una ligera pendiente descendente que atraviesa una puerta de vidrio a través de la cual se accede al resto de la casa. Detrás de esta puerta, el recorrido de entrada se comprime mediante un patio acristalado en forma de estrella y una escalera que asciende a la primera planta. La última zona del área de entrada de la planta baja está ocupada por un comedor en cuyo pavimento se ha insertado un rectángulo de piedra Mandale. Sobre la zona de comedor se ha dispuesto un gran lucernario. La luz que penetra por él y la que lo hace a través del patio, ilumina la parte más profunda de la planta baja y se refleja en los elementos de acero inoxidable pulido del patio y la barandilla de la escalera.

Desde la escalera se ve la sala de estar, un poco por debajo del nivel de la entrada, espaciosa y con techos altos. La chimenea se ha ubicado en uno de los muros laterales, vinculada al mismo ámbito que la escalera. Al fondo se abren los ventanales que dan al jardín y, en uno de los extremos, una puerta que conduce a un pasillo totalmente acristalado desde el que se accede al dormitorio principal y en el que se ha instalado una librería. Las escaleras del pasillo elevan el nivel de dormitorio por encima del jardín, de tal forma que parece que se abre como un pabellón. Debajo se encuentran el baño y el vestidor, iluminados por ventanas en la parte superior de la pared que da al jardín y revestidas con un material reflectante.

La primera planta de la casa está organizada en tres partes. En el centro se sitúa un patio, junto a la escalera de acceso desde la sala de estar. El patio tiene un pavimento de vidrio que conforma el lucernario sobre el comedor, situado justo debajo. En uno de sus lados se encuentra la biblioteca y en el otro las habitaciones de los niños, con ventanas que se abren al jardín trasero y a las casas vecinas del fondo del solar.

La casa es un interior mágico, un lugar con escasa presencia en las calles que lo rodean y, por lo tanto, que forma parte de la ciudad sólo a través de la experiencia de aquellos que son invitados a entrar; un espacio contemporáneo inventado, donde las imágenes actuales se mezclan con imágenes fugaces de la China clásica y de la Inglaterra del siglo XVIII.

A diferencia de las esculturas, que se contemplan en circunstancias especiales y durante un espacio de tiempo relativamente corto, la arquitectura se contempla constantemente. Por ello, debe poseer la capacidad de actuar unas veces como fondo de los acontecimientos de la vida de las personas, y otras como un conjunto de objetos que proporcionan placer estético y formal.

The house occupies an intriguing long and relatively narrow site in Chelsea, which begins at the main street beneath an apartment building, continues between tall windowless walls and ends at another street behind, a small paved

court of houses. For our clients, Anish and Susanne Kapoor and their family, the attraction of the site was its capacity to give a long, continuous space on the ground floor for living, entertaining and displaying art. In our design this came into being as a series of places of different characters, arranged around sources of light and outlook, and connected by shifting sightlines and continuities of detail.

At the street the entrances to the house and the garage are placed on either side of the existing entrance foyer to the apartment building. Diffused daylight comes into the entrance hall through etched glass windows to the street. There is an enormous cupboard for coats and shoes, space for a couch or bench and artworks, and stair leading downwards to guest and playrooms in the basement. The floor is of Hopton Wood stone, honey-coloured and the stuff of classic modernist sculpture, which continues beyond into the living areas. Two discontinuous lines of Mandale stone run longwise in the floor, grey in colour and containing fossils. A long illuminated recess in the ceiling continues the composition, and both ceiling and floor slope gently downwards through a glass door leading to the rest of the house.

Beyond the door the entrance route is compressed by a glazed, star-shaped courtyard and a stair rising to the first floor above. The last part of the entrance floor level is a dining space, with a rectangle of Mandale in its floor. Above the dining area is a large roof light. Light from this and coming from above to the court and staircase illuminates the depth of the ground floor, reflecting off the polished stainless-steel metalwork of the courtyard and stair balustrade.

At that point the living room comes into view, a few steps down from the entrance level, tall and extensive. In the zone created on one long wall by the stair is a fireplace. At the end are windows to the garden, with a door in the corner leading to a glazed corridor alongside it. Filled with a bookcase the same size as the cupboard in the entrance, this leads to the parental bedroom. Stairs in the corridor take the level of the bedroom up above the garden, so that it looks and opens out as a pavilion. Below it are the bathroom and dressing room lit by clerestory windows to the garden and lined with reflective surfaces.

The first floor of the house is arranged in three sections. In the centre is a courtyard at the top of the stair from the living room, with a glass floor that constitutes the roof light above the dining room below. To one side a library opens up, and on the other are the children's rooms, which look away from the courtyard over the garden and neighbourhood at the back of the site.

The house is a magical interior, a place with little presence in the surrounding streets, and therefore only part of the city through the experience of those invited to enter; a contemporary, invented space in which images from today are mixed with fleeting images of classical China and 18th-century England.

A series of forms are disposed through the house and connected associatively by use and appearance. Unlike sculpture that is seen in special circumstances for a relatively short time and then not again for a long time, architecture is seen all of the time. Therefore it must have the capacity to act sometimes as a background to the events of people's lives, and at other times as a series of objects that give aesthetic and formal pleasure.

Emplazamiento Location **Chelsea, Londres/*London*** | Equipo Design team **Tony Fretton, Jim McKinney (arquitectos directores del estudio/*principals*), Sandy Rendel (arquitecto jefe de proyecto/*project architect*), Nina Lundvall, Donald Matheson, Michael Lee, Simon Jones, Max Lacey, Martin Nässén, Piram Banpabutr** | Proyecto Design years **2004-2005** | Construcción Construction years **2006-2008** | Ingenieros Engineers **Dewhurst Macfarlane and Partners (estructura/*structural engineers*); Robinson Associates (instalaciones/*services*)** | Consultores técnicos Technical consultants **Schoenaich Landscape Architects Ltd (paisajismo/*landscape design*); Davis Langdon LLP (mediciones y presupuesto/*quantity surveyor*); R. J. Parry Ltd (contratisa principal/*main contractor*); Isometrix (iluminación/*lighting designer*)** | Cliente Client **Anish y/*and* Susanne Kapoor** | Superficie Surface area **545 m² (edificio/*building*), 95 m² (patio y jardín/*courtyard and garden areas*)** | Fotografías Photographs **Hélène Binet**

1. Acceso principal.
   Main entrance.
2. Edificio de viviendas.
   Apartment building above.
3. Garaje.
   Garage.
4. Cocina.
   Kitchen.
5. Patio.
   Courtyard.
6. Comedor.
   Dining room.
7. Sala de estar.
   Living room.
8. Jardín.
   Garden.
9. Dormitorio.
   Bedroom.
10. Vestidor.
    Dressing room.
11. Baño.
    Bathroom.
12. Salita/estudio.
    Sitting room/study.
13. Patio de luz.
    Lightwell.
14. Sótano anterior.
    Front basement.

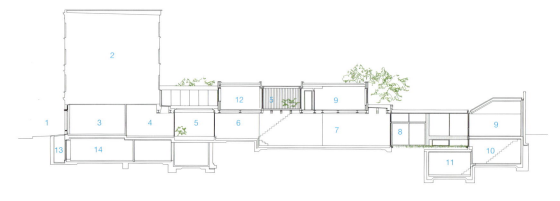

Planta baja.
Ground floor.
1. Acceso principal.
   Main entrance.
2. Vestíbulo.
   Entrance hall.
3. Garaje.
   Garage.
4. Acceso a las viviendas situadas encima.
   Entrance from street to apartments above.
5. Escalera a sótano anterior.
   Stair to front basement.
6. Cocina.
   Kitchen.
7. Patio.
   Courtyard.
8. Comedor.
   Dining.
9. Escalera a la primera planta.
   Stair to first floor.
10. Sala de estar.
    Living room.
11. Biblioteca.
    Library link.
12. Dormitorio principal.
    Master bedroom.
13. Escalera a sótano posterior.
    Stair to rear basement.
14. Jardín.
    Garden.
15. Entrada posterior.
    Back entrance.

Sótano anterior.
Front basement.
16. Dormitorio.
    Bedroom.
17. Baño.
    Bathroom.
18. Patio de luz.
    Lightwell.
19. Lavandería y planchador.
    Utility room.
20. Maquinaria.
    Plant room.
21. Trastero.
    Storage.
22. Spa.
    Spa.

Sótano posterior.
Rear basement.
23. Vestidor.
    Dressing room.
24. Baño.
    Bathroom.

Planta primera.
First floor.
25. Rellano de vidrio.
    Glass landing.
26. Patio con pavimento de vidrio.
    Glass floor to courtyard.
27. Salita/estudio.
    Sitting room/study.
28. Dormitorio.
    Bedroom.
29. Lucernario.
    Rooflight.

Planta primera.
First floor.

Planta baja.
Ground floor.

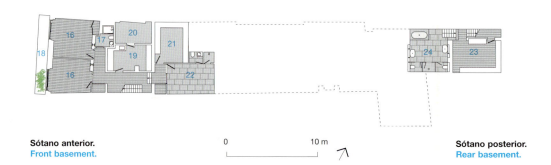

Sótano anterior.
Front basement.

Sótano posterior.
Rear basement.

Primer proyecto para la nueva embajada británica en Varsovia
First scheme for the new British Embassy in Warsaw

2003-2006

El solar visto desde la calle.
The site from the street.

Fotografía desde dentro del solar.
The interior of the site.

Este proyecto para la nueva embajada británica en Varsovia, compuesta por la legación diplomática y la residencia del embajador, ganó el concurso convocado por el Ministerio de Asuntos Exteriores británico, aunque fue cancelado en la última fase de realización y sustituido por un segundo proyecto que presentaremos más adelante en la revista.

Tras tres reuniones informativas en Londres y Varsovia, fue necesario asimilar con mucha rapidez un programa complejo, así como el funcionamiento y el espíritu del servicio diplomático. El programa de necesidades y las reuniones informativas revelaron una interacción muy particular entre simbolismo, pragmatismo y seguridad que nos pareció muy relevante. Para nosotros, lo más interesante era el papel que jugaba el simbolismo en el trabajo del servicio diplomático británico y la forma como entendía y utilizaba sus edificios.

Un aspecto importante del programa fue la decisión adoptada por el Ministerio de Asuntos Exteriores de construir dos edificios nuevos, la

The project we have designed for a new British Embassy in Warsaw, consisting of a Chancellery and Ambassador's Residence, won a competition launched by the British Foreign Office, although it was cancelled late in its design and replaced with a second scheme shown later in the monograph. A complex programme of requirements and an idea of the functioning and ethos of the Foreign Service had to be absorbed very quickly, following three short briefings in London and Warsaw. The programme and briefings contained a very particular interplay of symbolism, pragmatism and security, which we subsequently found to be characteristic. Most interesting for us was the part that symbolism played in the work of the Foreign Service and in the way that it understood and used its buildings. A very formative aspect of the brief was the decision by the Foreign Office to build two new buildings, the Chancellery and Residence, on a site currently occupied by only one: the Ambassador's Residence from 1963. This raised complex questions as to whether the buildings should be

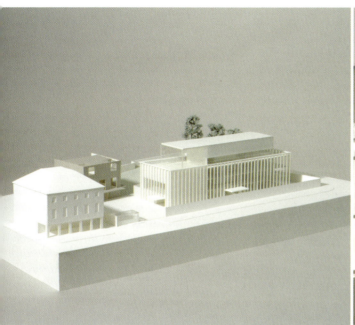

legación diplomática y la residencia, en un emplazamiento ocupado en ese momento y desde 1963 sólo por uno: la residencia del embajador. Este hecho planteaba una serie de cuestiones complejas tales como si los edificios debían ser independientes o estar conectados, y hasta qué punto ubicarlos alejados de los límites del solar por razones de seguridad sin destruir por ello la escala y el valor de los espacios al aire libre de su alrededor.

La complejidad fue mayor cuando se hizo evidente que los proyectos se juzgarían en igual medida por su simbolismo y funcionalidad.

Sin embargo, la decisión del Ministerio de Asuntos Exteriores resultó también profundamente positiva, en el sentido de que reafirmó la tradición según la cual las embajadas debían formar parte del tejido arquitectónico y social de la ciudad, incluso en un momento en el que la preocupación por la seguridad estaba provocando que otros países ubicasen sus embajadas fuera de ella.

El emplazamiento se encuentra al sur del centro de Varsovia, cerca del parque Lazienkowski, en un barrio residencial donde las villas están situadas en el centro de sus jardines privados. Cerca del límite este de nuestro solar está la Embajada de Suecia, ocupando una villa decimonónica con las fachadas de estuco. A diferencia de otras casas del barrio, esta villa da directamente a la calle.

Enfrente se encuentra la residencia oficial del primer ministro de Polonia, un palacio clásico rodeado de extensos jardines cercados por vallas.

La nueva residencia de la embajada británica es el lugar donde transcurrirá la vida doméstica del embajador, que a menudo suele tener hijos pequeños o adolescentes, así como su actividad profesional y social más formal. El espíritu del servicio diplomático británico exige que su estilo esté bien diferenciado del de la legación diplomática, que esté físicamente separada y que sus condiciones como vivienda sean óptimas. Albergará un gran salón para recepciones y cenas oficiales, así como zonas privadas para el embajador y su familia, un estudio para el embajador y una cantidad generosa de dormitorios tanto para la familia como para los invitados. La legación es el lugar de trabajo de las distintas secciones de la embajada, desde la administrativa y diplomática a otras como la consular y la de visados, que requieren acceso público.

Las zonas de prestigio, como la entrada, el restaurante y una gran sala para actos públicos —conferencias, exposiciones y conciertos— requieren una escala y unas características de diseño distintos.

Durante los últimos años, las embajadas europeas —y entre ellas las bri-

independent or combined, and how far they should be from the boundaries for security reasons without destroying the scale and value of the open areas around them.
The complexity was increased still further as it became clear that schemes would be judged as much on their symbolism as their functionality.
However, the Foreign Office's decision was also profoundly positive in that it reasserted the tradition for embassies to be part of the architectural and social fabric of the city, at a time when security concerns were convincing other nations to locate their embassies out of town.
The site is located in the south of central Warsaw, near Lazienkowski Park in a district of villas within walled gardens.
Close to the east boundary is a 19th-century stucco villa, which houses the Swedish Embassy. Unlike other houses in the district, this faces directly onto the street.
Opposite is the official residence of the Prime Minister of Poland, a classical palace in extensive gardens enclosed by railings along the street.
The new British Residence is where the Ambassador will live a domestic life, often with a young family, while carrying out formal business and entertainment. The ethos of the Foreign Office requires it to be distinct in style from the Chancellery, physically separate and optimally a house. It will contain a large salon for official entertainment and dining, as well as private living areas for the Ambassador and family, a study for the Ambassador and a generous array of bedrooms for family and guests.
The Chancellery is the workplace of the different sections of the Embassy, from management to diplomacy, with some, like the consular and visa section, which are open to the public.
Prestigious areas such as the entrance, restaurant and a large room for public events like lectures, exhibitions and concerts, require a different scale and level of design.
British and European Embassies have become more outward-looking and accessible in recent years and in Warsaw there was also a desire for the building to be physically transparent, with generous amounts of glazing to compensate for the lack of daylight on winter afternoons.
However, in the aftermath of the destruction of the World Trade Centre in New York and the invasion of Iraq, countervailing requirements had arisen for embassies to resist physical attack and high levels of blast and ballistic impact.
In the competition, we had to address these issues with a scheme that was legible to its users, the Foreign Service, while capable of both mak-

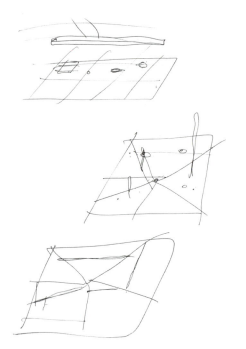

Pavimento del patio de entrada.
Entrance court paving.

tánicas— se han vuelto más abiertas, más orientadas hacia el exterior y accesibles. Por ello, se deseaba que la de Varsovia fuera un edificio transparente, con generosas superficies acristaladas que compensasen la escasa luz natural de las tardes de invierno.

Sin embargo, tras la destrucción del World Trade Center en Nueva York y la invasión de Iraq, aumentaron los requisitos de seguridad para que las embajadas fueran capaces de resistir un posible ataque físico, explosiones o impactos de bala de alta intensidad.

En el concurso tuvimos que abordar estos problemas con un proyecto que fuese legible para su usuario y el servicio diplomático, y que, al mismo tiempo, fuese capaz de poner de manifiesto un planteamiento arquitectónico y público además de permitir un funcionamiento en el plano de la experiencia individual. El proyecto presentado tenía que combinar el tipo de visualizaciones precisas que exigen los concursos y, simultáneamente, incorporar la flexibilidad necesaria para aceptar los cambios de programa por parte del cliente y, en última instancia, poder materializarse con éxito.

Nuestra forma de abordar el proyecto fue proponer dos edificios de distintos estilos basados en modelos con plantas eficientes e inteligibles, una construcción predecible y un alto contenido en términos de significado. Este planteamiento nos permitió crear relaciones con los diversos edificios circundantes e incorporarlos a nuestro proyecto.

La residencia está proyectada como una gran casa de estilo neoclásico, donde se combinan la elegancia y el confort y que permite la celebración de acontecimientos formales y el desarrollo de la vida cotidiana del embajador y su familia.

La legación diplomática consiste en un refinado edificio urbano de oficinas, como la galería de los Uffizi y el edificio Seagram, que utiliza los avances más recientes en ingeniería de fachadas para conseguir zonas acristaladas de alta seguridad.

La ubicación de los edificios en el emplazamiento se ha establecido con el objetivo de definir un jardín cerrado para la residencia al sur, y un patio de entrada formal para la legación al norte, visible desde la calle y frente a la residencia del primer ministro de Polonia.

El patio de entrada es el gesto público más significativo del proyecto y su punto más vulnerable.

Entre la calle y el patio se ha dispuesto un área de acceso de seguridad, cerrada por dos líneas de puertas, donde se procede al control de seguridad de los visitantes. Para mitigar su impacto, esta zona se ha configu-

ing large-scale architectural and public statements and working at a level of individual experience. The presented scheme had to combine the precise imagery that competitions demand, whilst containing the flexibility for the scheme to accept changes in the client's brief and to eventually be successfully materialised.

Our approach was to design the two buildings in different styles based on models with efficient, intelligible plans, predictable construction and a high level of established meaning. This also allowed us to engage with the diversity of the surrounding buildings and make use of them in our scheme. The Residence is designed as a large Neo-classical house, with a combination of elegance and comfort that allows formal events to take place alongside the daily life of the Ambassador and family. The Chancellery is a refined urban office building, like the Uffizi Gallery and Seagram Building, which uses recent advances in facade engineering to provide large areas of highly secure glazing.

They are positioned on the site to define a walled garden for the Residence on the south and a formal entrance courtyard for the Embassy to the north, which is visible from the street and faces the residence of the Prime Minister of Poland.

The entrance courtyard is the scheme's most significant public gesture and most vulnerable point.

Between the street and courtyard is a secure entrance area enclosed by two lines of gates in which visitors will be subject to surveillance and search. To mitigate that, the area is configured as a landscaped garden through which to drive or walk, in which the gatehouse sits as a pavilion, and which extends beyond the entrance to provide a dignified route within the perimeter wall of the Embassy for visitors to the consular and visa department.

The courtyard is a larger and more empty space, walled and paved and containing a few mature trees. Character is developed by the events that are deployed within it and by the way in which the surrounding buildings are put on display around it.

Cars will arrive and set down passengers before disappearing through a door in the facade of the Chancellery and down a ramp that is concealed under a grass bank behind the building, an arrangement that is intentionally masked and theatrical.

The salon in the Residence looks across the courtyard from behind an array of vertical windows to the public areas of the Chancellery, which are framed by a single, long, low window. Looking on from the sideline are the windows in the side of the Swedish Embassy.

Primer proyecto para la nueva embajada británica en Varsovia

First scheme for the new British Embassy in Warsaw

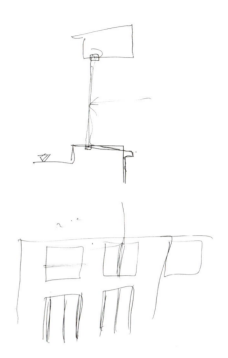

rado como un jardín, que puede cruzarse en un vehículo o caminando y donde la garita de entrada se asienta como un pabellón a partir del cual un recorrido dentro del recinto de la embajada ofrece un marco digno a los visitantes que acuden al departamento consular y de visados.
El patio es un espacio grande y vacío, pavimentado, delimitado por muros y con algunos árboles de gran tamaño. El carácter se lo otorga la disposición de los edificios alrededor y los acontecimientos que en él se desarrollen.
Al llegar, los pasajeros descenderán de los automóviles que "desaparecerán" por una puerta situada en la fachada de la legación para descender por una rampa que queda oculta bajo un talud cubierto de hierba situado detrás del edificio, una disposición deliberadamente camuflada y teatral.
Las ventanas verticales del salón de la residencia están orientadas al patio y a las áreas públicas de la legación, enmarcadas por una única ventana baja longitudinal. En el lateral, las ventanas se orientan a la embajada de Suecia.
Este tipo de yuxtaposición de distintos estilos arquitectónicos y diferentes actividades es lo que hace que las ciudades resulten interesantes, además de la tensión entre lo que puede contemplarse de los interiores desde el exterior, lo que es accesible y lo que permanece en el ámbito de lo privado.
Desde el patio, el acceso a la residencia tiene un aspecto simétrico y sencillo. Ya en el interior, a un lado del amplio vestíbulo se abre el espacio del jardín que no es visible desde el patio, y al otro asciende una escalera que conduce al salón de la primera planta. Unas discretas puertas en el perímetro de este espacio proporcionan acceso a la sala de estar y el comedor privados —que disfrutan de un jardín propio orientado al sur y no visible desde la legación— y a una escalera y un ascensor para el personal y los invitados.
El salón es la estancia que conforma el primer piso; tiene una altura de dos plantas y ocupa la mayor parte de su superficie. Sus ventanas están orientadas al patio y disfrutan de vistas del jardín desde un amplio balcón. La escalera de la planta baja se desarrolla junto a un pequeño doble espacio sobre la planta inferior, y frente a su punto de llegada se abre una puerta que da acceso al estudio del embajador, con vistas al patio. El comedor está ubicado en el extremo sur del salón y puede separarse del resto del espacio mediante unos paneles para crear un espacio más íntimo.
Los dormitorios del embajador y su familia, así como los de los invitados y sus séquitos, se encuentran en las dos plantas superiores y su acceso se realiza a través de la escalera y el ascensor privados. Todos los dormitorios

This type of juxtaposition of different architectural styles and activities is what makes cities exciting, along with the tension between what can be seen of interiors from the outside, what can be entered, and what remains private.
From the courtyard the entrance hall of the Residence appears symmetrical and plain. Inside, the expanse of the garden, not visible from the court, opens up on one side, and on the other a stone stair leads up to the salon on the first floor. Discreet doors around the perimeter open to the private living and dining rooms, which have their own south-facing garden out of sight from the Chancellery, and to a concealed stairway and lift for staff and guests.
The salon is the formative room of the first floor, occupying two storeys in height and most of the plan. Its windows face the courtyard and look out to the garden across a wide balcony. The stair from below arrives in an open-sided room of its own. At its head, a door leads into the Ambassador's study that looks out over the courtyard. Dining takes place in the southern end, which can be separated into a discreet and intimate room by a folding wall.
Bedrooms for the Ambassador and family, visitors and their retinues are located on the two floors above, reached by the private stairway and lift. All of the bedrooms and some of the bathrooms open to private terraces, and are arranged around a generous entrance corridor arranged with furniture.
The interior spaces of the Chancellery have a franker and more public quality. Like the Residence, the Chancellery is entered through a deep weather lobby in the centre of the facade. Inside, a stone covered hall leads to a secure reception desk in heavy glass and bronze, through which the working areas of the Chancellery are entered.
On the left of the hall is a bar and restaurant for Chancellery staff and visitors, which looks out to a walled, south-facing courtyard. To the right, a stone staircase and glass lift rise in front of a view of the landscaped garden to the north framed by the glass facade of the building.
A wide landing at the head of the stair provides views over the grounds of the Polish Prime Minister's house, the street and courtyard, before leading to the room for public events, which, like the salon in the Residence, is two storeys in height and occupies the full width of the plan.
Working areas in the rest of the Chancellery have a narrow linear form that places them close to daylight from the glazed facade. Each floor is designed as a single, richly designed interior and place of common endeavour,

Planta baja.
Ground floor.

1. Acceso. / Entrance.
   Embajada. / Embassy.
2. Patio. / Forecourt.
3. Acceso principal. / Main entrance.
4. Vestíbulo. / Public reception.
5. Recepción. / Meet and greet room.
6. Restaurante. / Restaurant.
7. Cocina. / Kitchen.
8. Patio. / Court.
9. Acceso a la zona de visados y consulado. / Consular and visa entrance.
10. Recepción. / Reception.
11. Oficinas. / Offices.
12. Acceso al aparcamiento. / Carpark entrance.
    Residencia. / Residence.
13. Recibidor. / Entrance lobby.
14. Vestíbulo de entrada. / Entrance hall.
15. Sala de estar privada. / Private sitting room.
16. Comedor privado. / Private dining room.
17. Cocina privada. / Private kitchen.
18. Jardín privado. / Private garden.
19. Entrada de servicio. / Staff entrance court.
20. Jardín principal. / Main garden.

y algunos de los baños se abren a terrazas y están organizados alrededor de un amplio distribuidor.

El interior de los espacios de la legación diplomática tiene un carácter más directo y público. Al igual que en la residencia, el acceso se realiza a través de un profundo vestíbulo de entrada con doble puerta cortavientos en el centro de la fachada. En el interior, un vestíbulo revestido de piedra conduce hasta un mostrador de recepción realizado con vidrio de seguridad y bronce desde el que se accede a las distintas áreas de la legación.

A la izquierda del vestíbulo se encuentran el bar y el restaurante para el personal y los visitantes, con vistas a un patio delimitado por muros y orientado al sur. A la derecha se encuentran una escalera de piedra y un ascensor de vidrio desde donde se disfrutan de vistas del jardín situado al norte gracias a la fachada de vidrio del edificio.

Un amplio rellano en lo alto de la escalera permite vistas de los jardines de la residencia oficial del primer ministro de Polonia, de la calle y del

in which partitions and the deep mullions of the facade mark out smaller places.

In our competition scheme the stairs, lifts and toilets were laid out compactly in the centre of the plan to give generous connections and views between the two sides of the building. However, the demands of Polish regulation led to these elements being much larger and finally almost continuous.

In response we allowed each side of the building to develop a different character related to the street and garden, and arranged areas such as the nurse's suite, with its view to the garden, and waiting area with children's playthings, to provide a strong counter-geography.

Diplomatic business takes place on the third floor, where the building is set back as an attic and surrounded on all sides by a roof garden. For reasons of security the glazed facades can have no opening windows, and the garden is conceived as a parterre or a rock landscape, to be seen through glass, undisturbed by human presence.

Primer proyecto para la nueva embajada británica en Varsovia
First scheme for the new British Embassy in Warsaw

Planta tercera.
Third floor.

Embajada.
Embassy.
1. Oficinas.
   Offices.
2. Jardín para contemplar.
   Stone garden.

Residencia.
Residence.
3. Dormitorio.
   Bedroom.
4. Terraza.
   Terrace.

Embajada.
Embassy.
1. Oficinas.
   Offices.

Residencia.
Residence.
2. Dormitorio.
   Bedroom.
3. Maquinaria.
   Plant room.

Planta segunda.
Second floor.

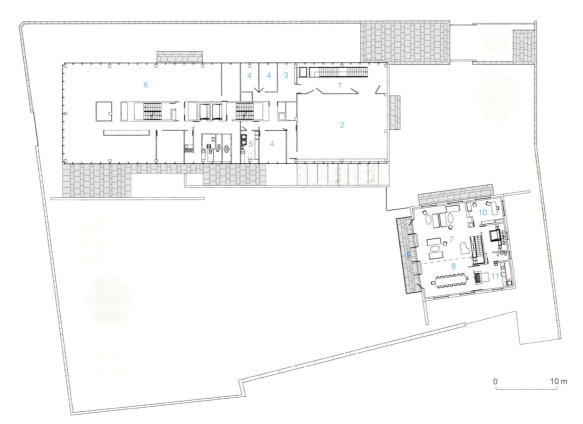

Embajada.
Embassy.
1. Distribuidor.
   Anteroom.
2. Sala de eventos públicos.
   Public function room.
3. Biblioteca.
   Library.
4. Salas de reuniones.
   Meeting rooms.
5. *Office.*
   Servery.
6. Oficinas.
   Offices.

Residencia.
Residence.
7. Salón.
   Drawing room.
8. Comedor.
   Dining room.
9. Balcón.
   Balcony.
10. Estudio.
    Study.
11. *Office.*
    Servery.

Planta primera.
First floor.

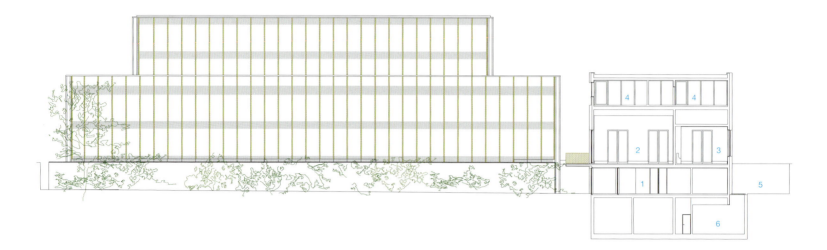

Fachada sur de la embajada y sección por la residencia.
Embassy south facade and section through residence.

1. Vestíbulo de entrada.
   Entrance hall.
2. Salón.
   Drawing room.
3. Estudio.
   Study.
4. Dormitorio.
   Bedroom.
5. Entrada de servicio.
   Staff entrance court.
6. Cocina.
   Kitchen.

patio, antes de llegar a la sala para actos públicos que, como en el caso del salón de la residencia, cuenta con una altura de dos plantas y ocupa toda la anchura de la planta.

Las áreas de trabajo del resto de la legación están distribuidas en un espacio lineal y estrecho junto a la luz natural que entra por la fachada acristalada. Cada planta está proyectada como un interior único de rico diseño y un lugar de trabajo común donde las particiones y los profundos montantes de la fachada señalan espacios más pequeños. En nuestro proyecto, las escaleras, los ascensores y los servicios estaban dispuestos de forma compacta en el centro de la planta para proporcionar conexiones generosas y vistas entre ambos lados del edificio. Sin embargo, las exigencias normativas en Polonia requirieron que estos elementos fuesen mucho mayores y, en última instancia, casi continuos.

Como respuesta, permitimos que cada uno de los lados del edificio desarrollase un carácter diferente relacionado con la calle y el jardín, y dispusimos ciertos espacios, tales como la zona de espera con juegos para los niños y vistas al jardín, que ofrecen un contrapunto espacial.

Los asuntos diplomáticos se desarrollan en la tercera planta, donde el edificio está retranqueado respecto al volumen de las plantas inferiores para permitir que quede rodeada por una cubierta ajardinada. Por razones de seguridad, las fachadas acristaladas no pueden tener ventanas practicables, y el jardín se ha proyectado como un paisaje rocoso para ser contemplado a través del vidrio sin ser perturbado por la presencia humana.

La legación está concebida como una forma enigmática, constituida por elementos de fachada repetitivos que, por razones de seguridad, deben ser muy sólidos. Esta repetición unifica el amplio abanico de actividades que se desarrolla en el interior.

En el caso de la residencia, la propuesta plantea una serena simetría que admite ciertas excepciones y ajustes asociados al confort doméstico.

La conexión entre los distintos elementos materiales del edificio, desde la

The Chancellery is conceived as an enigmatic form composed of repetitive facade elements, which for security are required to be very substantial. This repetition unifies the wide range of interior activities. Its scale will be unexpectedly compact, and through its robust detail, powerfully miniature.

For the Residence a calm symmetry is proposed within which there are incidents and adjustments associated with domestic comfort.

Connecting the various material elements of the building, from the scale of the facades to the small domestic details, is a visual and experiential scheme.

Thick mullions on the facade and railings on the entrance gates are composed with the trees in the courtyard and the door frames that visitors will touch as they pass through the gatehouse and into the buildings.

Outside the entrance of the Residence will be a grille to stamp snow off shoes; inside, an absorbent mat, a seat to take off outdoor shoes and a rail for coats, all essential in Warsaw winters.

Visitors, free of their winter clothes, will see the garden covered in snow before ascending to the warmth and comfort of the salon on the first floor. Here, artworks from the government collection will be displayed alongside furniture accumulated by successive Ambassadors to Warsaw over 200 years. Mid-20th-century silverware and Chinese lacquer cabinets will stand beside chairs that were originally a gift in the mid-18th century and have been replicated one by one as they wore away.

These objects, which came into being through the creative conviction of the artists who designed them, have acquired wider meanings over time and are open to further interpretation in the future. Our expectation is for the scheme we have designed to exist in a similar way. It is the ability of objects made by creative practice to be a vehicle for the imagination of others that is their distinguishing and most heartening characteristic.

Primer proyecto para la nueva embajada británica en Varsovia
First scheme for the new British Embassy in Warsaw

Fachada oeste de la residencia y sección transversal de la embajada.
Residence west facade and section through Embassy.

1. Vestíbulo de acceso.
   Entrance hall.
2. Sala de eventos públicos.
   Public function room.
3. Maquinaria.
   Plant room.
4. Aparcamiento.
   Parking.
5. Almacenes.
   Stores.

escala de las fachadas a los pequeños detalles domésticos, requiere un enfoque visual y basado en la experiencia.

Los gruesos montantes de la fachada y las verjas de las puertas de entrada son elementos pensados conjuntamente con los árboles del patio y los marcos de las puertas que los visitantes tocarán al pasar a través de la garita de entrada para acceder a los edificios.

En el exterior de la entrada de la residencia se colocará una rejilla para permitir quitarse la nieve de los zapatos; dentro, un felpudo absorbente, un asiento donde poder quitarse los zapatos de exterior y un perchero para los abrigos, todos ellos elementos esenciales en el invierno de Varsovia.

Los visitantes, libres de sus ropas invernales, contemplarán el jardín cubierto de nieve antes de ascender hasta el cálido y confortable salón de la primera planta.

En él se expondrán las obras de arte de la colección gubernamental junto al mobiliario acumulado por los sucesivos embajadores en Varsovia durante más de doscientos años. Las piezas de plata de mediados del siglo XX y los muebles de laca china estarán colocados junto a sillas que son una réplica exacta de otras originales regaladas en el siglo XVIII y que fueron reproducidas una a una a medida que se deterioraban.

Estos objetos, que se materializaron gracias a la convicción creativa de los artistas que los diseñaron, han adquirido significados más amplios con el tiempo y están abiertos a nuevas interpretaciones en el futuro. Esperamos que nuestro proyecto corra una suerte similar. Los objetos resultado de la actividad creativa tienen la capacidad de convertirse en un vehículo para la imaginación de otras personas, esta es su característica más distintiva y alentadora.

Emplazamiento Location **Varsovia/*Warsaw*** | Equipo Design team **Concurso/*competition*: Tony Fretton, Jim McKinney, Valerie Tse, Karin Hepp, Aureliusz Kowalczyk, Robert Romanis, Simon Jones, Nina Lundvall, David Owen; Fase de proyecto/*detailed scheme*: Tony Fretton, Jim McKinney, David Owen, Steinthor Kari Karason, Donald Matheson, Nina Lundvall, Aureliusz Kowalczyk, Mattew Barton, Marina Mitchell-Heggs** | Concurso Competition **2003** | Proyecto Design years **2003-2006** | Ingenieros Engineers **Price & Myers (estructura/*structural engineers*); Abatos (estructura proyecto ejecutivo/*executive structural engineers*); Fulcrum Consulting (instalaciones/*services*); Arup (instalaciones proyecto ejecutivo /*executive services engineer*); Yolles (fachada y protección contra explosiones/*facade and blast engineering*)** | Consultores técnicos Technical consultants **Denton Corker Marshall (arquitectos ejecutivos en Polonia/*Polish executive architects*); Gardiner & Theobold (project managers); AYH Homola (presupuesto/*cost consultants*)** | Cliente Client **Ministerio de Asuntos Exteriores/*Foreign and Commonwealth Office*** | Superficie Surface area **4.917 m² embajada/*4,917 m² embassy*; 886 m² residencia/*residence*** | Fotografías Photographs **David Grandorge, Tony Fretton Architects**

Nueva embajada británica, Varsovia
New British Embassy, Warsaw

2006-2009

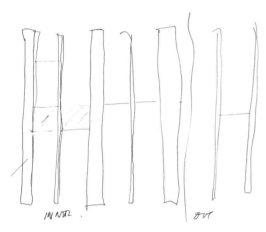

Fachada.
Facade.

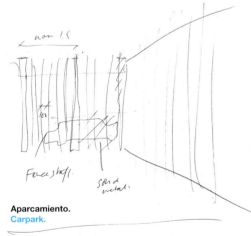

Aparcamiento.
Carpark.

Marquesina.
Canopy.

Como consecuencia de los mayores grados de seguridad que se exigieron, el proyecto de la embajada, formado actualmente sólo por la legación diplomática, ha sido reubicado en otro emplazamiento que permite una mayor distancia entre el edificio y los límites del solar. Situado en el nuevo barrio de las embajadas de la ciudad de Varsovia, este segundo emplazamiento no posee ninguna de las características urbanas del primero, pero, en su lugar, goza de la elegancia tranquila de su ubicación junto a un parque añejo con canales y senderos flaqueados por árboles.

De esta ubicación hermosa y vacía, y de los conocimientos asimilados en el primer proyecto, surgió un proyecto con una secuencia más sencilla de formas, materiales y relaciones. Ubicado dentro de un jardín propio, frente a una carretera a uno de los lados y el parque al otro, y formando parte de una serie de embajadas de distintas nacionalidades, el edificio se presenta al mundo exterior sereno y formal, con un interior elegante y explícito en lo que se refiere al ahorro energético. Siguiendo un estilo elementalmente neoclásico, su forma alargada está centrada por la planta segunda de menor tamaño y subrayada por las formas aún más alargadas de los muros y las verjas que cercan el emplazamiento. Si embargo, sus fachadas consisten en superficies de vidrio delimitadas por montantes verticales que reflejan el cielo y los árboles y que, de hecho, constituyen la capa exterior de una doble fachada que proporciona un importante aislamiento térmico durante el invierno y mitiga el calor durante el verano. La fachada interior es más sólida, conformada por una composición modulada de ventanas situadas entre pilares que, al igual que los montantes de la piel exterior, están revestidos de aluminio de color cobre pálido, ligeramente más claro que el del exterior. Esta policromía suave está emparentada lejanamente con el estuco pintado de los edificios de la escuela de Karl Friedrich Schinkel que pueden contemplarse en distintos puntos de Europa, desde La Haya y Oslo a Varsovia, y que se prolonga en el interior del edificio.

El edificio, distribuido en tres plantas, acoge en la planta baja actividades públicas como exposiciones y actos, así como el restaurante y bar. En el jardín que rodea estos espacios se han dispuesto zonas de césped y otras pavimentadas para la celebración de actos públicos más concurridos, así como otras zonas más pequeñas para reuniones de carácter informal. Los árboles que ya existían en el emplazamiento se complementarán con otros nuevos estratégicamente ubicados en relación al parque, las zonas de césped y las áreas plantadas con herbáceas altas. El resto de la planta baja está ocupada por la sección consular y de visados, a la que se accede por un recorrido distinto a través del jardín. La primera planta contiene las oficinas administrativas de la embajada. Al igual que en el primer proyecto, los espacios de trabajo reciben luz natural a través de las fachadas, y dado que este edificio es más profundo, también de dos patios situados en el centro de la planta. En la segunda planta se encuentra la zona de trabajo del embajador, con vistas a las amplias terrazas de la cubierta en sus dos lados. Los acabados del interior consisten en la repetición de una serie de materiales. Los pilares están revestidos con mármol blanco veteado; las ventanas entre ellos son de carpintería de aluminio anodizado de color bronce claro. El ascensor y los núcleos de servicios están revestidos con mármol de otro color. Gracias al techo absorbente acústico, la moqueta como pavimento y la doble fachada, las oficinas serán un lugar tranquilo y sobrio. Cada una de las plantas del edificio poseerá una identidad propia tanto gracias a la relación entre sus partes como a las que establecerán con el mundo exterior. Los espacios públicos de la planta baja fluirán entre sí y hacia el exterior. Los patios interiores de la primera planta permitirán cierta independencia entre los espacios abiertos de oficinas. La escala y el carácter de la zona de trabajo del embajador será de recogimiento, un argumento que se prolongará en los pequeños espacios para sentarse junto a los setos de las terrazas de la cubierta a ambos lados. La vegetación de mayor tamaño de las terrazas establece relaciones con los jardines que rodean la embajada y con el parque situado enfrente. Mediante estos gestos sencillos, la embajada mantiene su papel en la cultura y el tejido de la ciudad en la que está ubicada.

As a result of the requirement for increased security, the project for the Embassy, now consisting of just the Chancellery, was relocated to another site that gave greater distances between the building and boundaries. Situated in a new embassy district in the city of Warsaw, the new location has none of the established urbanity of the first, offering instead the quiet elegance of its setting next to a mature park laid out with canals and alleys of trees.

From the beautiful, empty location and the knowledge absorbed in the first project, a design came about with a simpler sequence of forms, materials and relationships.

Set in its own grounds, facing a road on one side and the park on the other and one of an array of embassies of different nationalities, the building is calm and formal to the outside world, graceful as an interior and explicit in the conservation of energy. Its long form is centralised by an attic in an elementally Neo-classical way and underlined by the longer figures of the walls and railings enclosing the site. Its

facades, however, are surfaces of glass delineated with vertical mullions, reflecting the sky and trees, and in fact are just the outer layer of a double facade that provides substantial thermal insulation in winter and relieves heat in the summer. Behind is a more substantial facade of windows set between solid piers and spandrels in a modulated composition. The material of this and the outer mullions is aluminium, pale bronze in colour, the outer being slightly darker than the inner. This pale polychromy is a distant relative of the painted stucco buildings of the school of Karl Friedrich Schinkel, which can be seen across Europe from The Hague to Oslo and here in Warsaw, and continues to the interior building.

Arranged over three floors, the interior provides for public activities at ground level in a space for exhibition and events, a restaurant and bar. Around them the grounds are laid out with lawns and paving for large public events and smaller areas for more informal gatherings. Trees that exist on the site are to be supplemented with new ones that are composed in relation to the form of the park, lawn and areas of tall grasses. Occupying the remainder of the ground floor is the consular and visa section that is entered by a separate route through the grounds. On the first floor are the administrative offices of the Embassy. As in the first project, the workspaces are day-lit from the side, and here, because this building is deeper, by two courtyards in the centre of the plan.

In the attic on the second floor is the Ambassador's suite that looks out on either side to extensive roof terraces.

A range of material finishes extends through the interior. Columns are covered in white figured marble; the windows set between them have mullions and spandrels in light bronze anodised aluminium. The lift and service cores are in marble of another colour. With an acoustically absorbent ceiling, carpeted floor and double facade, the offices will be places of calm dignity. Each floor will have its own identity through the association between its parts and their relations to the outside world. Public spaces in the ground floor will flow from one to another and into the grounds. Open office space in the first floor will be given a degree of separation by the interior courts. In the comparatively small size of the Ambassador's suite the offices will have the scale and quality of cabinets, a theme that will continue in the small spaces for sitting that are cut out from the wide areas of hedge filling the roof terraces on either side. In its larger form the roof planting relates the terraces to the grounds around the Embassy and the park beyond. With these simple gestures, the Embassy maintains its role in the culture and fabric of the city in which it is located.

Emplazamiento Location **Ul. Kawaleri, Varsovia/*Warsaw*** | Equipo Design team **Tony Fretton, Jim McKinney (arquitectos directores del estudio/*principals*), David Owen (arquitecto asociado/*associate*); Donald Matheson (arquitecto jefe de proyecto/*project architect*); Matthew Barton, Nina Lundvall, Frank Furrer, Laszlo Csutoras, Martin Nässén, Max Lacey, Tom Grieve, Piram Banpabutr, Chris Snow, Chris Neve** | Proyecto Design years **2006-2007** | Construcción Construction years **2008-2009** | Ingenieros Engineers **Buro Happold (estructura e instalaciones/*structural engineers and services*)** | Consultores técnicos Technical consultants **Epstein Sp. z o.o. (arquitectos ejecutivos/*executive architects*); Mace (project manager y contratista/*project manager and contractor*); Schoenaich Landscape Architects Ltd. (paisajismo/*landscape design*)** | Cliente Client **Minis-terio de Asuntos Exteriores/*Foreign and Commonwealth Office*** | Superficie Surface area **4.309 m²/ *4,309 m²*** | Renders Visualisations **Hayes Davidson**

1. Vestíbulo.
   Foyer.
2. Sala de exposiciones.
   Exhibition space.
3. Cafetería.
   Café.
4. Visados y consulado.
   Consular and visas.
5. Oficinas.
   Office.
6. Garita.
   Gatehouse.
7. Aparcamiento.
   Carpark.
8. Cubierta ajardinada.
   Roof terrace.

Planta segunda.
Second floor.

Planta primera.
First floor.

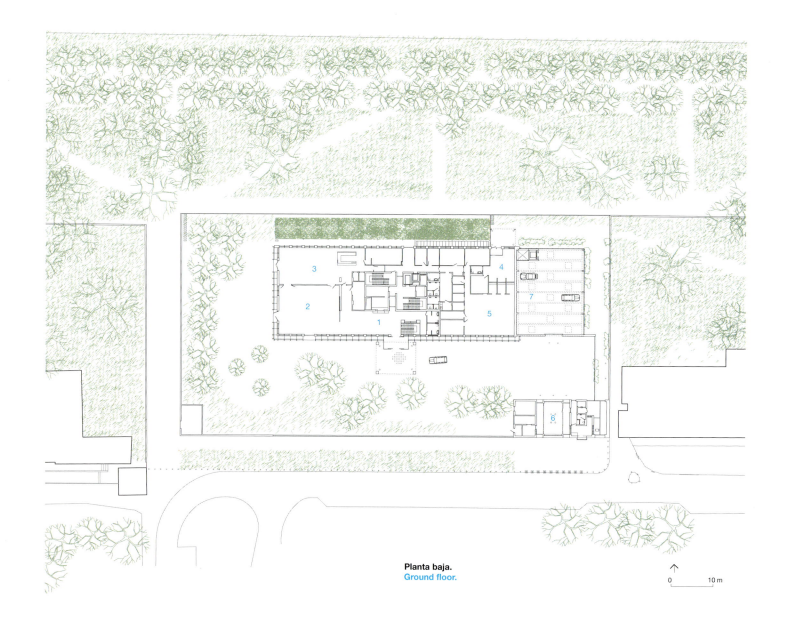

Planta baja.
Ground floor.

Nueva embajada británica, Varsovia New British Embassy, Warsaw

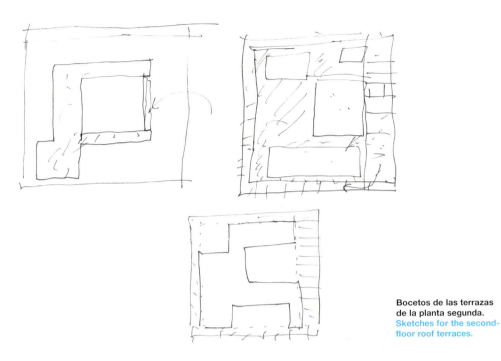

Bocetos de las terrazas de la planta segunda.
Sketches for the second-floor roof terraces.

Edificio en Tietgens Grund, Copenhague
Building in Tietgens Grund, Copenhagen

2005-2010

El barrio de Frederiksstaden en Copenhague, que empezó a construirse en 1740 bajo el reinado de Frederick V, fue proyectado por el arquitecto de la corte Niels Eigtved y por su sucesor, el arquitecto francés C. N. Jardin, profesor de arquitectura de Det Kongelige Danske Kunstakademi [Real Academia de Arte Danesa]. Formado por cuatro palacios ubicados alrededor de una plaza octogonal que se conecta axialmente mediante una calle flanqueada de villas a la Frederiks Kirke, o Iglesia de Mármol como es conocida, la construcción del barrio fue abandonada en 1770 y la obra de la iglesia quedó también inconclusa.

En 1894, el industrial y promotor C. F. Tietgen acabó la Iglesia de Mármol y construyó a su alrededor una plaza con edificios de viviendas de estilo *beaux-arts*, según el proyecto del arquitecto Ferdinand Meldahl. Sin embargo, la plaza no llegó a completarse porque Tietgen no pudo comprar una pequeña porción de terreno situado en la esquina noroeste, conocido como Tietgens Grund. El contexto del solar, vacío hasta la actualidad, entre los edificios de estilo *beaux-arts* de Meldahl, lo componen los edificios adyacentes, que dan a la calle Store Kongensgade con sus fachadas traseras ciegas, una pequeña casa y una pequeña zona sin construir que hasta hace poco había estado ocupada por un puesto de perritos calientes.

Este estado de las cosas ha adquirido legitimidad propia dentro de la historia de Copenhague, y cuando se planteó la posibilidad de construir un edificio nuevo en ese solar vacío en Tietgens Grund, no existía el deseo, ni la posibilidad, de eliminar los edificios existentes o completar la manzana en el estilo de Meldahl.

El programa de necesidades que recibimos exigía específicamente que el edificio a construir fuese contemporáneo y unificase los distintos estilos arquitectónicos y actividades del entorno, de forma que concluyera de forma efectiva Frederiksstaden y aceptara lo que había quedado conformado por la casualidad. A pesar de lo significativo de la tarea, teníamos claro que el nuevo edificio debía formar parte del tejido de edificios de viviendas que configura el contexto social y visual de la Iglesia de Mármol. Los edificios existentes, con largas fachadas articuladas por pilastras, cambios de plano y zonas destacadas en el centro y los extremos, pertenecen a ese estilo arquitectónico del siglo XIX que hizo de las ciudades europeas lugares agradables en los que habitar, gracias a su coherencia formal y a su capacidad de convertir los riesgos en oportunidades.

Por medio de utilizar elementos de ese mismo estilo, proyectamos un edificio que continúa la forma clásica de la plaza, al mismo tiempo que atiende tanto a las cualidades aleatorias de los edificios adyacentes antiguos como a la forma de vida actual.

La fachada del nuevo edificio que da a la Iglesia de Mármol tiene el mismo tamaño que el volumen extremo del edificio de viviendas situado enfrente y, como ella, está dividido en tres por pilastras. Juntos, ambos edificios forman una pareja simétrica que completa el proyecto de Meldahl al enmarcar la vista de la iglesia desde Store Kongensgade.

Como edificio contemporáneo, sus elementos deben ser funcionales a la vez que decorativos. Las pilastras de su fachada constituyen la estructura portante del edificio, y los espacios entre ellas están ocupados por ventanas que permiten una entrada generosa de luz

Frederik Soedring, *Vista de la Plaza de Mármol con las ruinas de la Frederiks Kirke inacabada*, 1835, óleo sobre tela, 77,5 x 98 cm.

Frederik Soedring, *View of the Marble Square with the Ruins of the uncompleted Frederik's Church*, 1835, oil on canvas, 77,5 x 98 cm.

natural en el interior y terrazas cubiertas donde disfrutar del exterior.
Esta estructura y las formas sencillas resultantes armonizan con la estructura de madera vista y los volúmenes geométricos de la pequeña casa situada a su lado. Cuando el edificio esté acabado, hará de marco de los más antiguos, con toda su idiosincrasia, y reconciliará por fin a Tietgens Grund con la forma clásica de la plaza.
Sin embargo, el proyecto no sólo trabaja con las cualidades visuales de la plaza, sino también con sus aspectos sociales. Las viviendas de Meldahl han acabado por ser ocupadas de forma diversa, algunas se utilizan como tales y otras para actividades profesionales. Los patios delanteros se han convertido en entradas, jardines y aparcamientos de bicicletas, y se ha construido un jardín en la cubierta de la pequeña casa. Las terrazas cubiertas del nuevo edificio continúan este último tema e introducen una actividad informal en la fachada.
Una cafetería o tienda en la planta baja, a la que se accede desde la calle Store Kongensgade, tendrá vistas hacia la Iglesia de Mármol. Se ha previsto instalar una oficina en la primera planta. Sobre ella se ubicarán dos viviendas por planta, una orientada hacia la Iglesia de Mármol y otra a la Store Kongensgade. La última planta estará ocupada por un ático con vistas hacia Copenhague y los áticos de los edificios de la plaza.
Así mismo, pretendemos que se establezca una relación entre el acabado del nuevo edificio y su entorno. De forma sorprendente, los apartamentos de Meldahl están revestidos con estuco, no con piedra, y sus balcones son de hormigón. Así que, a pesar de su aspecto, son también productos del mundo industrial moderno.
En este momento, el revestimiento previsto para el nuevo edificio es el hormigón prefabricado, realizado con piedra machacada del mismo color que el estuco de los edificios del entorno. La planta baja se revestirá con piedra arenisca del mismo tipo que la que se está utilizando actualmente para restaurar las fachadas en Frederiksstaden. El revestimiento del ático será de una piedra tan oscura como la

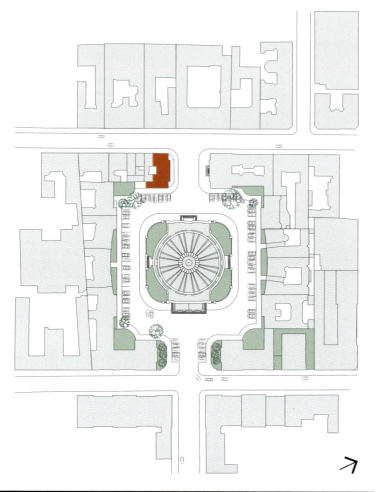

pizarra de la cubierta del edificio que se encuentra enfrente, con una veta de color blanco; en los laterales de las ventanas dispondremos piezas de una piedra similar, aunque más ligera. De esa forma, las fachadas se convertirán en un elemento refinado de la plaza, con una policromía delicada que refleje la de la Iglesia de Mármol.

The Frederiksstaden district in Copenhagen was initiated in 1749 by King Frederick V and designed by court architect Niels Eigtved, and his successor, French architect C.N. Jardin, who was Professor of Architecture at Det Kongelige Danske Kunstakademi [the Royal Danish Academy of Art]. Composed as four palaces around an octagonal plaza that are connected by an axial street of villas to the Frederiks Kirke, or the Marble Church as it has become known, construction was abandoned in 1770 with the church only partly built.
In 1894 the industrialist and developer C.F. Tietgen completed the Marble Church and built a square of apartment buildings around it in the Beaux-Arts style to the designs of the architect Ferdinand Meldahl. However, the square was never completed, because Tietgen was unable to buy a small area of land in the northwest corner, the area that has become known as Tietgens Grund. To this day the original buildings, the blank rear facades of buildings in Store Kongensgade and a small house, can be seen standing in a gap in Meldahl's Beaux-Arts buildings, together with a small area of open land that until recently housed a hot dog stand.
This state of affairs had acquired its own legitimacy in Copenhagen's history, and when it became possible to make a new building on the open land and site of an adjacent building on Tietgens Grund, there was no desire, nor possibility, to take down the original buildings or complete the square in Meldahl's style.
The brief we were given very specifically required that it should be in the style of these times and draw together the different architectural styles and activities around it, in effect bringing Frederiksstaden to a conclusion by accepting what chance had brought.
Despite the significance of the task, we were clear that the new building should be part of the fabric of the apartment buildings that forms the social and visual context of the Marble Church. With long facades articulated by pilasters, changes of plane and pavilions at the middle and ends, they are of the architectural style that made 19th-century European cities pleasantly habitable through its ability to be formally coherent and to turn contingencies into opportunities.
Using elements of this style, we designed a building that continued the classical form of the square while attending to the aleatory qualities of the adjacent, older buildings and

Building in Tietgens Grund, Copenhagen

the way that people live today.

The facade of the new building facing the Church is the same size as the pavilion at the end of the apartment building opposite it, and like the pavilion it is divided into three by pilasters. Together, the two buildings will form a symmetrical pair that complete Meldahl's scheme by framing the view of the church from Store Kongesgade.

As a building of the modern era, its parts must be functional as well as decorative. The pilasters on its facade are the actual structure that holds the building up, and the spaces between them are filled with windows to bring generous amounts of daylight to the interior, and loggias in which to relax out of doors.

The visible construction and simple shapes that this produces relate to the exposed wooden structure and geometric volumes of the small house that stands next to it. When the new building is complete it will frame the older buildings, with all their idiosyncrasies, finally reconciling Tietgens Grund with the classical form of the square.

However, the development works not only with the visual qualities of the square, but also its social aspects. Meldahl's apartments have come to be occupied in a very informal way, some used as residential apartments and others for work. Forecourts have become entrances, gardens and bicycle parks, and an ad hoc garden has been built into the roof of the small house. The loggias of the new building continue the latter theme and bring informal activity into the facade.

A café or shop on the ground floor that is entered from Store Kongensgade will look out onto the Marble Church. A discreet professional office is planned on the first floor. Above there will be dwellings, two per floor, a very suave apartment facing the Marble Church and a loft space looking out to Store Kongensgade. A penthouse with views over Copenhagen will occupy the attic, looking across to the attic apartments around the square.

Relations of detail are also intended between the new building and its surroundings. Meldahl's apartments, surprisingly, are found to be covered with stucco, not stone, and their balconies are of concrete. Despite their appearance, they too are products of the modern industrial world. At the present time pre-cast concrete cladding is being considered as a cladding to the new building, made of crushed stone of the same general colour as the stucco around it. The ground storey will be covered with sandstone of the same type that is currently being used to restore the facades in Frederiksstaden. To the attic there will be a stone cladding that is as dark as the slate roof of the pavilion opposite and with white veining, and panels of a similar but lighter stone at the sides of the window. In these ways the facades will be a refined part of the square with a gentle polychromy that reflects that of the Marble Church.

Emplazamiento Location **Frederiksgade, Copenhague/Copenhagen** | Equipo Design team **Tony Fretton, Jim McKinney (arquitectos directores del estudio/principals); Sandy Rendel (arquitecto asociado/associate); Donald Matheson, Chris Snow (arquitectos jefes de proyecto/project architects); David Owen, Clemens Nuyken, Annika Rabi, Guy Derwent, Michael Lee, Martin Nässén, Nina Lundvall, Gàbor Zombor** | Proyecto Design years **2005-2006** | Construcción Construction years **2008-2010** | Ingenieros Engineers **MTHøjgaard A/S, Copenhague/Copenhagen (estructura e instalaciones/structural engineers and services)** | Consultores técnicos Technical consultants **BBP Arkitekter A/S, Copenhague/Copenhagen (arquitectos ejecutivos/executive architects)** | Cliente Client **Realea A/S** | Superficie Surface area **1.100 m²/1,100 m²** | Renders Visualisations **Toni Yli Suvanto** | Fotografías Photographs **David Grandorge**

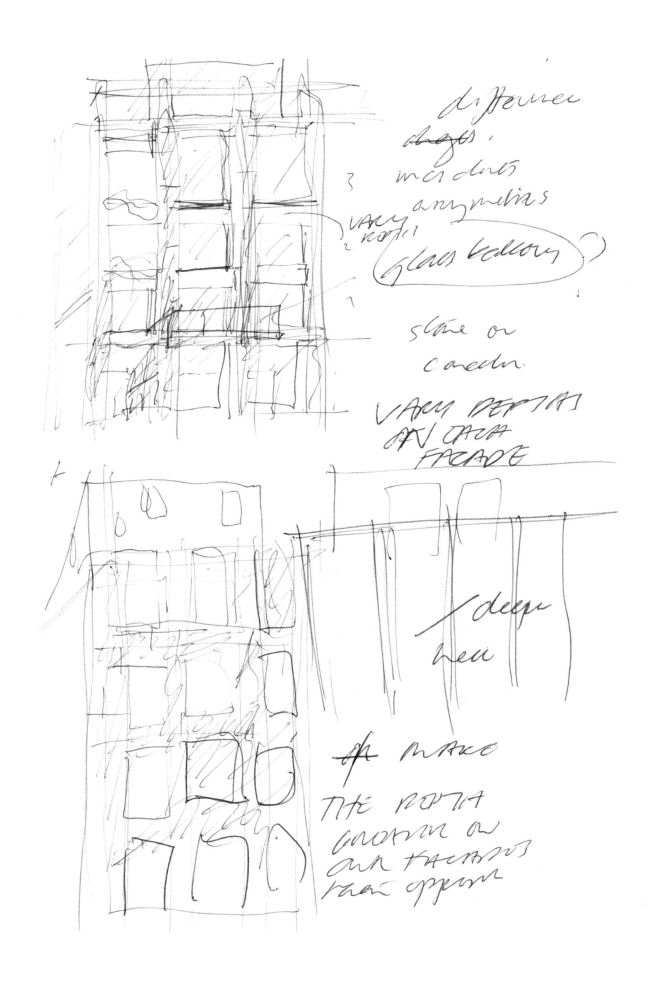

Edificio en Tietgens Grund, Copenhague / Building in Tietgens Grund, Copenhagen

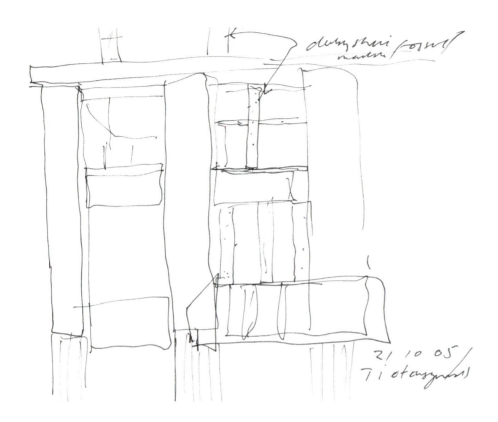

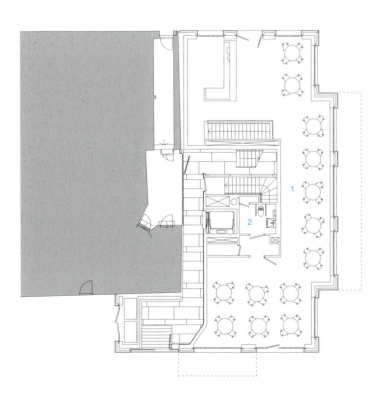

1. Cafeteria.
   Café.
2. Aseo.
   WC.

Planta baja.
Ground floor.

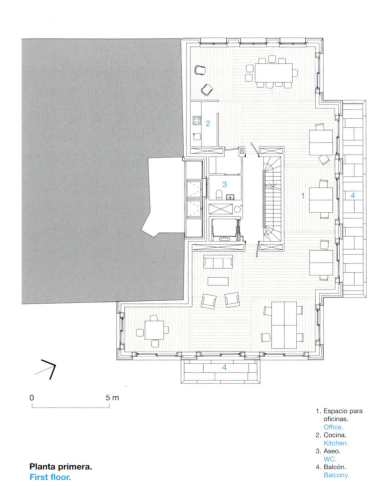

0   5 m

1. Espacio para oficinas.
   Office.
2. Cocina.
   Kitchen.
3. Aseo.
   WC.
4. Balcón.
   Balcony.

Planta primera.
First floor.

Edificio en Tietgens Grund, Copenhague
Building in Tietgens Grund, Copenhagen

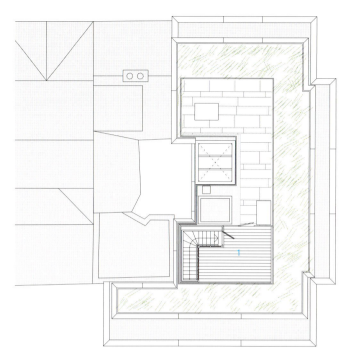

Planta cubierta.
Roof.

1. Terraza.
   Terrace.

Plantas segunda a cuarta.
Second to fourth floor.

1. Sala de estar/comedor.
   Living/dining.
2. Cocina.
   Kitchen.
3. Dormitorio.
   Bedroom.
4. Baño.
   Bathroom.
5. Terraza.
   Terrace.

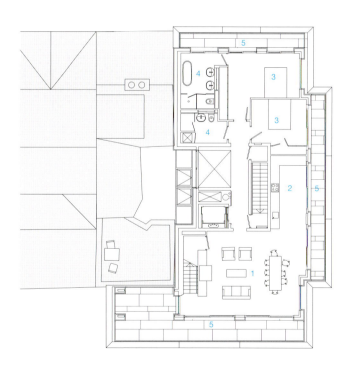

Planta quinta.
Fifth floor.

1. Sala de estar/comedor.
   Living/dining.
2. Cocina.
   Kitchen.
3. Dormitorio.
   Bedroom.
4. Baño.
   Bathroom.
5. Terraza.
   Terrace.

Fuglsang Kunstmuseum, Lolland
Fuglsang Kunstmuseum, Lolland

2005-2008

A diferencia de un museo urbano, al que se llega a través de los diferentes espacios de la ciudad como quien atraviesa estancias, trasladarse a Fuglsang supone un largo viaje a través del paisaje rural hasta llegar finalmente a una carretera recta y larga, flanqueada por una serie de edificios dispersos, que conduce hasta un patio ubicado en el centro de los terrenos de la finca. Cerrando la parte oeste del patio se encuentra un granero bajo de forma alargada, que está pintado de color blanco y cuenta con una alta cubierta. En el lado norte se encuentra la casa del administrador de la finca, también de forma alargada pero construida con ladrillo claro y una ornamentación muy sencilla.

Al sur se encuentra la casa solariega, distanciada convenientemente y separada por un foso. De estilo rural clásico, la fachada de ladrillo rojo está compuesta por tres hastiales; en su interior, techos decorados y suelos de parqué con dibujos que cambian de una habitación a otra. Las mejores habitaciones, que se utilizan para celebrar actuaciones musicales, cuentan con vistas al jardín de cuidado diseño situado en la parte trasera. La última planta alberga dormitorios, pequeños y sencillos, para los visitantes que se quedan a pasar unos días en la finca para pasear por el maravilloso paisaje de Skejten y el santuario ornitológico junto al mar en Guldborgsund, situado al este del patio.

En esta parte del patio, en medio de los campos, se encuentran otros dos edificios: otro granero, pintado en esta ocasión de rojo, y el edificio original de la forja; entre ellos discurre el camino que conduce a Skejten.

¿Qué significaba ubicar un museo aquí, un edificio distinto a los existentes, para atraer a los visitantes, pero que alteraría el paisaje del entorno? Estas fueron las preguntas que nos planteamos el paisajista Torben Schønherr, Ebbe Wæhrens, mi colega y arquitecto ejecutivo, y yo mismo, cuando contemplamos Fuglsang por primera vez.

El museo y su entorno

El paisaje y el mar al este del emplazamiento son tan importantes que decidí que debían ser lo primero que los visitantes contemplasen al llegar al museo.

Nuestro proyecto plantea que los edificios enmarquen una vista angosta de la tierra y el mar que los visitantes contemplan cuando se acercan en coche por la carretera que conduce a la finca, antes de girar para aparcar en un campo situado fuera de la vista del museo y del paisaje del entorno. Desde allí, los visitantes caminan hacia el patio con la vista frente a ellos enmarcada a uno de los lados por el museo, y al otro abierta hacia el patio gracias al trabajo de Torben Schønherr.

Dejar el patio abierto a las vistas y ubicar el museo alineado con la casa del administrador, señalando hacia el horizonte, fueron decisiones controvertidas. El programa del concurso en el que nuestro proyecto resultó elegido, sugería de forma clara que el nuevo museo debía restablecer la forma original del patio cerrando su lado este.

En lugar de ello, como en el caso del granero rojo y del edificio de la forja, el museo se extiende hacia los campos y establece una sorprendente y a la vez natural relación axial respecto al edificio más significativo del conjunto, la casa solariega y su entorno formal. La conexión entre ambos edificios se ve reforzada por el modo como el museo se presenta a los visitantes, que contemplan en primer lugar una fachada de ladrillo de la misma longitud que la de la casa solariega, con tres lucernarios en la cubierta que evocan los tres hastiales de la fachada de la antigua construcción. Como en los edificios que rodean el patio, y en muchas obras clásicas del movimiento moderno danés, las fachadas del museo son de ladrillo, y al igual que el granero ubicado en la parte oeste del patio, están pintadas de color blanco, mientras que el ladrillo de los lucernarios está pintado de gris, el mismo color que el de los edificios del entorno.

A la entrada del museo, la fachada genera un espacio exterior recogido para los visitantes en el borde del patio. En este punto, la vista del campo y del mar desaparece, y el museo y los visitantes se convierten en el centro de atención. Una marquesina baja y ancha de metal pintado define un espacio abierto y cúbico para protegerse de la lluvia. A su lado, una doble puerta de vidrio de las mismas dimensiones protege el interior del frío y el viento y proporciona acceso al vestíbulo interior del edificio.

En uno de los extremos de este vestíbulo se ha ubicado una cafetería y, al otro, la librería y la recepción. Ambas zonas disfrutan de vistas del patio gracias a amplios ventanales; detrás de ellos se encuentra un aula para actividades educativas relacionadas con el arte y un hermoso jardín. En la zona de recepción, una puerta de vidrio señala el acceso a la biblioteca y las oficinas de la primera planta; otras puertas proporcionan acceso a la sala de conferencias, los aseos y el guardarropa.

El vestíbulo es un lugar público donde todo está colocado para que sea fácil de encontrar, y donde se puede disfrutar de la compañía de los amigos y los desconocidos entre el paisaje y los espacios de Fuglsang.

Desde él se accede a la larga galería central del museo, alrededor de la que están distribuidos el resto de los espacios expositivos; más adelante, en su extremo, se tienen vistas del paisaje y el mar que recuerdan a la primera y angosta vista que acompañó el acceso a los terrenos de la finca.

Las galerías, organizadas en tres grupos, difieren mucho en escala y carácter del espacio del vestíbulo, y son lugares en los que los distintos visitantes pueden dispersarse para sumergirse en la colección.

El primero de estos grupos de galerías se encuentra a la derecha de la galería central y está formado por salas de tamaño medio concatenadas axialmente entre sí. En las tres primeras —con techos decorados e iluminadas por los lucernarios que aparecen en fachada— se exponen pinturas del siglo XIX. A continuación se encuentra una sala en la que se exponen obras sobre papel, iluminada con luz artificial por razones de conservación. Al final se localiza una sala para obras en escayola que cuenta con una ventana con vistas de Skejten. Entre estas salas se encuentran otras muy pequeñas para que un número reducido de personas pueda contemplar una obra de arte concreta.

Al otro lado de la galería central se ha dispuesto una gran sala para albergar exposiciones temporales. Abstracta y con posibilidad de ser configurada según las necesidades, la luz natural penetra en esta galería de gran altura desde un techo difusor formado por rejillas metálicas, sobre las que hay espacio suficiente para sostener obras de arte suspendidas e instalar proyectores.

Más allá, a este mismo lado, se encuentra el tercer grupo de galerías, formado por un espacio de acabado sencillo e iluminado cenitalmente que se divide en cuatro salas mediante paneles donde se exhiben pinturas de principios a mediados del siglo XX, desde obras figurativas de tamaño medio a grandes lienzos abstractos. Todos estos espacios están conectados por la galería central, que sirve tanto de espacio de exposición como de circulación. En ella se pueden ubicar sofás intercalados con las obras de arte, siguiendo el modelo tradicional, o dedicar todo el espacio a una exposición o evento. En el extremo se encuentra una sala que parece una galería de exposición pero que sólo cuenta con ventanas que ofrecen vistas del mar y el paisaje, ya que se ha concebido como un espacio para descansar y meditar.

La diferencia de carácter de las galerías y los espacios públicos fue desarrollándose empíricamente a medida que realizábamos el proyecto, y los fuimos conectando entre sí tal y como sucede en la propia finca Fuglsang, donde los edificios y los espacios de distintos estilos están conectados de forma sencilla y similar. De esta forma, y a través del proceso de pérdida y recuperación de las vistas del paisaje y del mar en el interior del museo, algunas de las características del emplazamiento se introducen en los tranquilos espacios interiores de exposición iluminados cenitalmente. Nuestra intención es que en el museo se aprecien ligeras diferencias que resulten estimulantes pero discretas, de tal forma que sea el arte y no el edificio el que adquiera protagonismo, ofreciendo una combinación de familiaridad y vacío que le permita convertirse en propiedad imaginaria de aquellos que se acercan a él.

Unlike the location of an urban museum that is reached through the room-like spaces of a city, to go to Fuglsang entails a long journey through open countryside, finally arriving on a long straight road through a loose assembly of buildings to a courtyard at the heart of the Estate. Enclosing the west side of the courtyard is a long, low, walled barn, painted white with a tall roof. On the north side is the land steward's house, long again, simply ornamented and made of pale brick.

To the south is the manor house, set back by an appropriate distance and separated by a moat. Country-classical in style, the red brick facade is arranged in three tall gables, and the interior has decorated ceilings and parquet floors that change in pattern from room to room. The best of its rooms look out to a refined landscaped garden behind and have long been places for the performance of music. In the attic are small plain bedrooms for visitors who come to stay and walk in the wonderful countryside to Skejten and the bird sanctuary at the edge of the sea in Guldborgsund, which lie to the east of the courtyard.

Out in the fields on this side of the courtyard lie another barn, this one painted red, and the original forge building with the path to Skejten running between them.

What would it mean to place a museum, a new building of a different kind here, to bring visitors to it and to alter the landscape around it? These were questions that Torben Schønherr, the landscape designer, Ebbe Wæhrens, my colleague and executive architect, and I asked ourselves when we first stood looking at Fuglsang.

The museum and its surroundings
The landscape and sea to the east had such significance that I felt that they should be the first thing that visitors saw as they came to the museum.

In our design a narrow view of the land and sea, framed between buildings, would be visible as visitors drove along the road into the estate before turning to park in a field out of sight of the museum and landscape. From there they would walk into the courtyard with the view opening up ahead of them, framed by the museum on one side and extending right into the courtyard, thanks to the work of Torben Schønherr.

To leave the courtyard open to the view and place the museum in line with the land steward's house, pointing to the horizon was controversial. A strong suggestion had been made in the brief of the architectural competition by which we were selected that the new museum should reinstate the original form of the courtyard by enclosing its east side.

Instead, like the red barn and the forge, the museum extends into the fields while having a strange axial but offset relation to the most significant of the buildings, the manor house and its formal surroundings.

Connection between the two buildings is further established by the way that the museum is first presented to visitors as a brick facade, the same length as the manor house, with three diagonal rooflights above that relate to the three gables in the facade of the manor house.

Like the buildings around the courtyard, and many classic works of Danish modernism, the facades of the museum are constructed from brick. As in the barn on the west side of the court, they are painted white and the rooflights are in a grey brick the colour of the roofs of the buildings around it.

At the entrance to the museum the facade steps back, making a place for visitors to gather at the edge of the courtyard. At this point the view of the land and sea is temporarily taken away and the museum and visitors become the focus.

A canopy of painted metal in the form of an open-sided cube, low and wide, provides shelter from the rain, and is matched by a glass wind lobby of equal scale and transparency in the entrance foyer within the building.

One end of the foyer is arranged as a café, the other as a bookshop and reception area, both of which look out through extensive windows to the courtyard on one side and on the other into a public art studio and beautiful existing garden behind it. A glass door in the reception area shows the way to the library and offices on the first floor, and other doors indicate the lecture hall, toilets and place to hang your coat. The foyer is a public place in which everything is where it can be found and enjoyed in the company of friends and strangers within the landscape and spaces of Fuglsang.

From within it there is a sightline to the long central gallery of the Museum, around which the other galleries are laid out, and along it to a view of the landscape and sea at its end that resembles the first narrow view seen when entering the Estate.

The galleries are very different in scale and character from the public space of the foyer and are places into which groups of visitors can spread out and immerse themselves in the collection, finding that it is arranged in three suites.

The first of these is to the right of the central gallery and consists of medium-scale rooms arranged enfilade. Paintings from 1800-1900 are displayed in the first three rooms of the suite, which have ornamented ceilings and are lit by the diagonal rooflights that were seen above the facade. Further along is a room for works on paper, which for reasons of conservation is artificially lit. At the end is a gallery for plaster casts that is lit by a window looking out towards Skejten. Between the galleries are very small rooms, called pockets, where a few people can view a single work of art.

On the opposite side of the corridor is a single, large, minimally detailed gallery for temporary exhibitions. Abstract and reconfigurable, daylight comes into this tall space through a diffusing ceiling of open metal grids, above which there is space to support suspended artworks and install projectors.

Further along on this side is the third suite, consisting of a plainly detailed, top-lit space that is configured with screens into four rooms. Here works of modernism from the early to mid-20th century will be hung, ranging from medium-scale figurative works to large abstract canvases.

Connecting these spaces is the central gallery, which is neither simply an exhibition space nor a place of circulation. Couches could be interspersed with artworks in the classical manner or the whole space given over to an exhibition or an event. At the end is a room that seems like a gallery but has only windows giving views of the sea and landscape, which is intended as a place to rest and reflect.

The different characters of the galleries and public spaces developed empirically as we designed, and they are bound together in a similar way to Fuglsang itself, where very different styles of buildings and spaces are connected by simple similarities.

In this way, and through the loss and recovery of the view of landscape and sea that occurs within the museum, some underlying qualities of the locale are introduced to the quiet, top-lit exhibition spaces of the interior. Our intention is for the museum to be filled with slight differences that are stimulating but unobtrusive, so the art not the building predominates, and for there to be a combination of familiarity and emptiness that allows the building to become the imaginative property of those who come to it.

Emplazamiento Location **Fuglsang, Lolland, Dinamarca/Denmark** | Equipo Design team **Tony Fretton, Jim McKinney (arquitectos directores del estudio/principals); Donald Matheson (arquitecto jefe de proyecto/project architect); Guy Derwent, Annika Rabi, Sandy Rendel, Matthew Barton, Nina Lundvall, Simon Jones, David Owen, Michael Lee, Gus Brown** | Concurso Competition **2005** | Proyecto Design years **2005-2006** | Construcción Construction years **2006-2008** | Ingenieros Engineers **Birch & Krogboe A/S (estructura e instalaciones/services and structural)** | Consultores técnicos Technical consultants **BBP Arkitekter A/S, Copenhague/Copenhagen (arquitectos ejecutivos/executive architects)** | Cliente Client **Byningsfonden/The Building Foundation** | Superficie Surface area **2.500 m²/2,500 m²** | Renders Visualisations **Toni Yli Suvanto** | Fotografías Photographs **Hélène Binet**

Fuglsang Kunstmuseum,
Lolland

Fuglsang Kunstmuseum,
Lolland

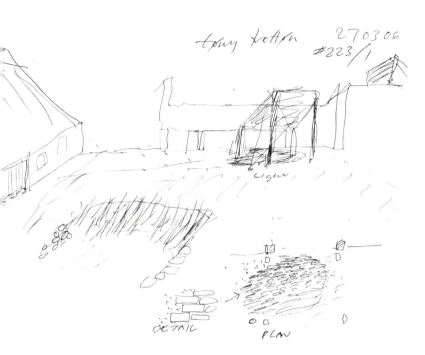

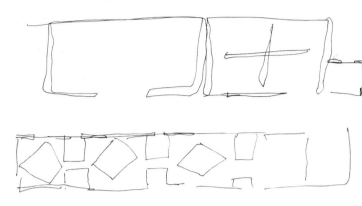

Salas de exposiciones.
Gallery plan.

Fuglsang Kunstmuseum, Lolland

Fuglsang Kunstmuseum, Lolland

123

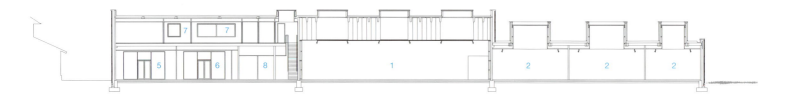

Sección longitudinal.
Longitudinal section.

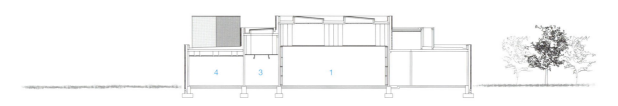

Sección transversal.
Cross-section.

1. Sala de exposiciones temporales.
   Temporary exhibition room.
2. Sala de exposición de arte moderno.
   Exhibition room for modern art.
3. Sala de exposiciones.
   Exhibition space.
4. Sala de exposición de arte antiguo.
   Exhibition room for older art.
5. Sala de conferencias.
   Lecture room.
6. Aula de arte.
   Art classroom.
7. Oficinas.
   Office.
8. Aseos.
   WCs.

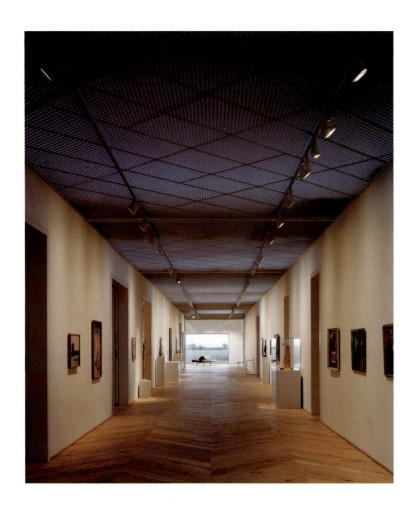

Fuglsang Kunstmuseum,
Lolland

Fuglsang Kunstmuseum,
Lolland

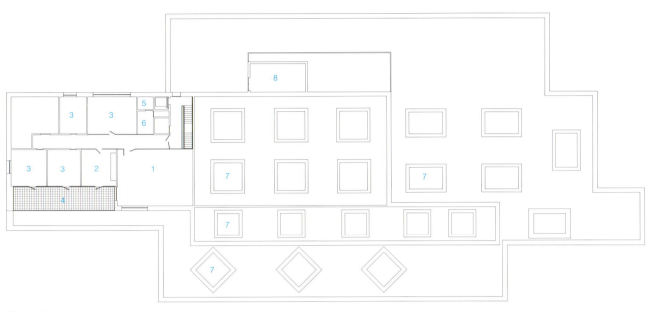

1. Biblioteca.
   Library.
2. Sala del personal.
   Staff room.
3. Oficinas.
   Office.
4. Terraza.
   Terrace.
5. Aseo.
   WC.
6. Ropero.
   Cloakroom.
7. Lucernario.
   Rooflight.
8. Maquinaria.
   Plant room.

Planta primera.
First floor.

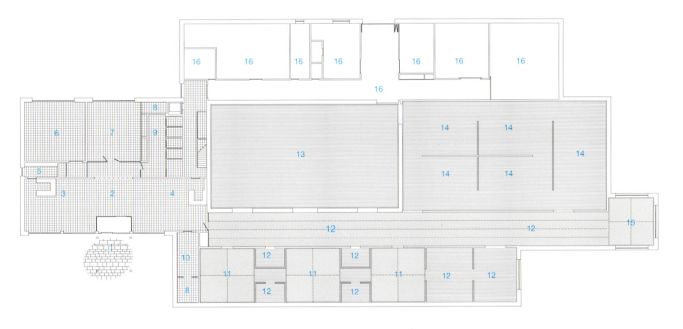

1. Marquesina de acceso.
   Entrance canopy.
2. Vestíbulo.
   Foyer.
3. Cafetería.
   Café.
4. Venta de entradas/librería.
   Ticket desk/bookshop.
5. Cocina.
   Kitchen.
6. Sala de conferencias.
   Lecture room.
7. Aula de arte.
   Art classroom.
8. Almacén.
   Store.
9. Aseos.
   WCs.
10. Guardaropía.
    Cloakroom.
11. Sala de exposición
    de arte antiguo.
    Exhibition room
    for older art.
12. Sala de exposiciones.
    Exhibition space.
13. Sala de exposiciones
    temporales.
    Temporary exhibition
    room.
14. Sala de exposición
    de arte moderno.
    Exhibition room for
    modern art.
15. Zona de descanso.
    Rest area.
16. Servicios internos.
    Back of house.

Planta baja.
Ground floor.

Fuglsang Kunstmuseum, Lolland

Fuglsang Kunstmuseum, Lolland

Fuglsang Kunstmuseum, Lolland

Sede central del Erste Bank, Viena
Erste Bank Headquarters, Vienna

2007-2008

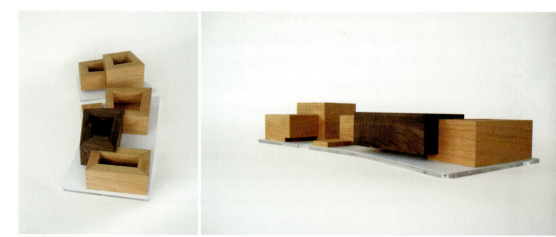

Este proyecto está ubicado en un área de desarrollo urbanístico creada gracias a la reconstrucción de la estación sur de ferrocarril de Viena, un área que actualmente es objeto de distintos concursos, entre los que se encuentra el de la sede del Erste Bank. El banco eligió la zona este del solar para el edificio de su nueva sede central, y un solar adyacente al sur para un edificio que en el futuro permita la ampliación de las oficinas y donde albergará su colección de arte. El emplazamiento frente al parque Schweizer Garten, a través del cual se disfrutan vistas del Palacio Belvedere y de los bosques de Viena, es una parte importante del entorno y de la ciudad.

El programa del Erste Bank era extenso. Era preciso un espacio de oficinas flexible para 4.000 empleados en el que todos trabajasen cerca de la luz natural, dispusieran de vistas al exterior y ventanas practicables, además de un centro de reuniones y espacio para operaciones bursátiles, entre otros. Otra demanda era que el proyecto proporcionara diversas instalaciones y espacios exteriores abiertos a los empleados y al público en general para fomentar el carácter social del edificio respecto al vecindario. La respuesta a este conjunto de requisitos fue un gran volumen construido con plantas de oficina continuas y alargadas, amplias fachadas y espacios exteriores al nivel de la calle que debían dotarse de actividad. Nuestro proyecto articula la masa del edificio mediante tres partes conectadas, cuyo tamaño guarda proporción con los edificios neoclásicos de la ciudad, conforma los espacios públicos exteriores entre esas partes y proporcionan ubicaciones de menor escala en los interiores, con vistas en todas las direcciones. Cada una de las tres partes del interior cuenta con un gran atrio central de cubierta de vidrio y vegetación de distintos tipos y formas. En ellos la temperatura será unos grados más baja que en las oficinas, de forma que, al abrir las ventanas, la sensación será de que se abren a un espacio exterior. Varias pasarelas cruzan los atrios a la altura de las copas de los árboles para conectar las zonas de oficinas

con los ascensores y las instalaciones comunes, como las salas de reuniones y las cafeterías. Alrededor del edificio se sitúan los espacios públicos que complementarán los grandes espacios interiores de los atrios. Al oeste, una plaza de acceso que albergará tiendas, cafeterías e instalaciones para los empleados constituirá el punto identificable del edificio desde la nueva estación. Al norte, una plaza más pequeña proporciona un punto de acceso desde el centro de la ciudad y el Schweizer Garten. Ambas plazas conducen al atrio central del edificio, cuya planta baja está acristalada y genera un acceso público con vegetación exótica. Al este se ha ubicado un jardín para el restaurante del Erste Bank, delimitado por altas lunas de vidrio que reducen el ruido y separan del tráfico pero sin limitar las vistas del Schweizer Garten.

Esta fachada del edificio, a la que dan vida la plaza norte, el atrio y el jardín, señala la ruta vinculada al arte deseada por la ciudad de Viena, ya que conduce al museo de arte moderno 20er Haus, ubicado en el Schweizer Garten, y a su futuro homólogo, la galería que albergará la colección del Erste Bank. Todas las actividades que han sido descritas se llevan a cabo en el interior, frente a fachadas de abstracción contenida, una abstracción que se consigue mediante la modulación de las divisio-

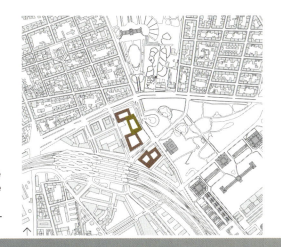

nes verticales para permitir flexibilidad a la distribución de la planta. Las fachadas de la parte central del edificio, la que tiene mayor presencia respecto a la estación y el Schweizer Garten, son de bronce, mientras que las fachadas de los bloques situados a ambos lados son de mármol rojo pero con las mismas proporciones. La actividad dentro del edificio se ofrece al público, en el sentido de que la actividad que se desarrolla en su interior es visible durante el día en el atrio central, tal y como desea el Erste Bank, mientras que durante la noche, cuando no quedan personas en el edificio, se verá la vegetación, que estará discretamente iluminada. El carácter material del edificio se prolonga en el interior, donde los pilares estructurales revestidos de mármol blanco se alternan con las carpinterías de bronce. Las superficies macizas junto al techo de hormigón visto acumulan la temperatura nocturna durante la noche como parte del sistema de baja tecnología y bajas emisiones de carbono para controlar la temperatura del interior. El sol del verano se controla mediante lamas y persianas exteriores, que sólo se colocan en las zonas del edificio que no quedan protegidas por la sombra de los edificios del entorno, con el objetivo de controlar el presupuesto y también para permitir que desde el interior se perciba continuamente el cambio de las estaciones como elemento diferenciador de su carácter.

The project is located in the development area that will be created by the reconstruction of Vienna South railway station, an area that is currently the subject of several design competitions, of which the Erste Bank Headquarters is one. The Bank chose the east part of the site for its new headquarters building, and an adjacent site to the south for a building in the future to allow for the expansion of its offices and to house its art collection. The location is a significant part of the surroundings and the city, facing the Schweizer Garten park, across which are long views to the Belvedere Palace and Vienna woods.
Erste Bank's programme was extensive. Reconfigurable office space was required for 4,000 bank employees, all in close proximity to daylight, exterior views and opening windows, along with a conference centre, trading floor and similar items. At street level a range of facilities and external spaces were to be provided for the public and employees to create a sense of sociability in the neighbourhood. Together, these requirements gave a large building mass with long, continuous, office floors and extensive facades and exterior spaces at street level that demanded animation. Our design articulates the mass of the building into three connected parts, which relate in size to the neo-classical buildings in the surrounding city, shape the external public spaces of the scheme between them and provide smaller scale locations in the interiors with exterior views in all directions. Each of the three parts of the interior is centred on a large glass roofed atrium, with different shapes and types of planting, which will be a few degrees cooler than the offices, so that opening the windows will offer a sense of exteriority. Bridges cross the atria, passing through the tops of trees to connect each part of the offices to the lifts and communal facilities such as meeting rooms and cafés. Complementing the large internal spaces of the atria are the external public spaces around the building. To the west an entrance plaza containing shops, cafés and facilities for employees identifies the building from the direction of the new station. To the north, a smaller plaza provides a point of entry from the direction of the city centre and Schweizer Garten. Both plazas lead to the atrium in the central part of the building, which descends to ground level surrounded by glazing to provide an exotically planted public entrance.
To the east is a garden for the Erste Bank restaurant enclosed by tall glass screens that reduce the noise and presence of traffic while preserving views of the Schweizer Garten. This facade of the building, animated by the north plaza, atrium and garden, indicates the art route desired by the city of Vienna leading to the museum of modern art, 20er Haus,

Sede central del Erste Bank, Viena
Erste Bank Headquarters, Vienna

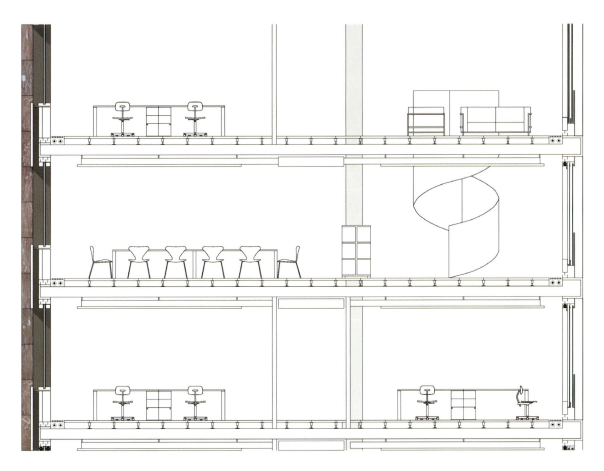

located in the Schweizer Garten, and its future counterpart, the gallery for the Erste Bank Collection.
All the activities that have been described take place within and in front of facades of restrained abstractness, an abstractness given by the repeating vertical divisions that allow the plan to be reconfigured. The central part of the building, which has the greatest presence towards the station and Schweizer Garten, has facades made of bronze, while the facades of the blocks on either side are of red marble with the same proportions. Activity within the building is the primary public offering, with human life visible in the central atrium in the day, as Erste Bank want, and plant life illuminated by small amounts of lighting, visible at night.
The material presence of the building continues to the interior, where structural columns covered with white marble alternate with bronze mullions. Their massive surfaces, together with the exposed concrete ceiling, provide for night-time cooling as part of a lo-tech, low-carbon system for managing interior conditions.
Summer sun is controlled by the projections of the fins and external blinds, which are provided only in places where the building is not shaded by other buildings around it, to both restrain capital costs and allow the change of seasons to be a distinguishing feature of the character of the interior.

Emplazamiento Location **Viena/*Vienna*** | Equipo Design team **Tony Fretton, Jim McKinney (arquitectos directores del estudio/*principals*); Sandy Rendel (arquitecto asociado/ *associate*); Laszlo Csutoras (arquitecto jefe de proyecto/ *project architect*); Martin Nässén, Piram Banpabutr, Chris Neve, Guy Derwent, Chris Snow, Richard Prest, David Owen** | Concurso Competition **2007-2008** | Ingenieros Engineers **Arup (estructura e instalaciones/*services and structural*)** | Cliente Client **Erste Bank** | Superficie Surface area **149.369 m² edificio norte/*149,369 m² North building*; 85.705 m² edificio sur/*85,705 m² South building*** | Renders Visualisations **Laszlo Csutoras y/*and* Hayes Davidson** | Fotografías de la maqueta Model photographs **Tony Fretton Architects**

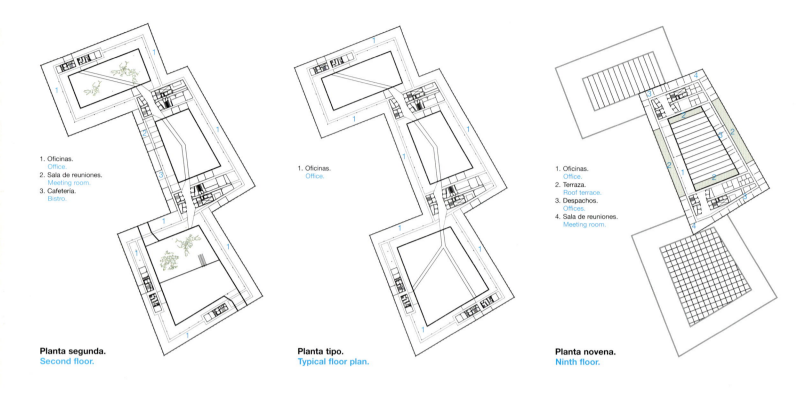

1. Oficinas.
   Office.
2. Sala de reuniones.
   Meeting room.
3. Cafetería.
   Bistro.

Planta segunda.
Second floor.

1. Oficinas.
   Office.

Planta tipo.
Typical floor plan.

1. Oficinas.
   Office.
2. Terraza.
   Roof terrace.
3. Despachos.
   Offices.
4. Sala de reuniones.
   Meeting room.

Planta novena.
Ninth floor.

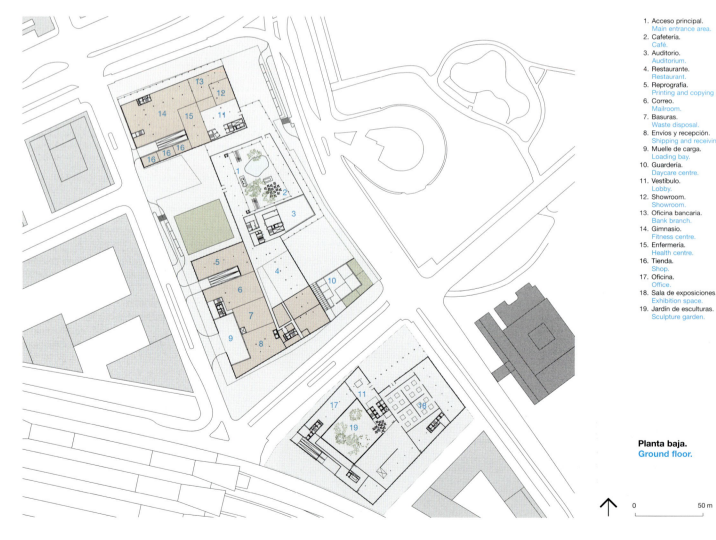

1. Acceso principal.
   Main entrance area.
2. Cafetería.
   Café.
3. Auditorio.
   Auditorium.
4. Restaurante.
   Restaurant.
5. Reprografía.
   Printing and copying centre.
6. Correo.
   Mailroom.
7. Basuras.
   Waste disposal.
8. Envíos y recepción.
   Shipping and receiving area.
9. Muelle de carga.
   Loading bay.
10. Guardería.
    Daycare centre.
11. Vestíbulo.
    Lobby.
12. Showroom.
    Showroom.
13. Oficina bancaria.
    Bank branch.
14. Gimnasio.
    Fitness centre.
15. Enfermería.
    Health centre.
16. Tienda.
    Shop.
17. Oficina.
    Office.
18. Sala de exposiciones.
    Exhibition space.
19. Jardín de esculturas.
    Sculpture garden.

Planta baja.
Ground floor.

0 — 50 m

Sede central del Erste Bank, Viena Erste Bank Headquarters, Vienna

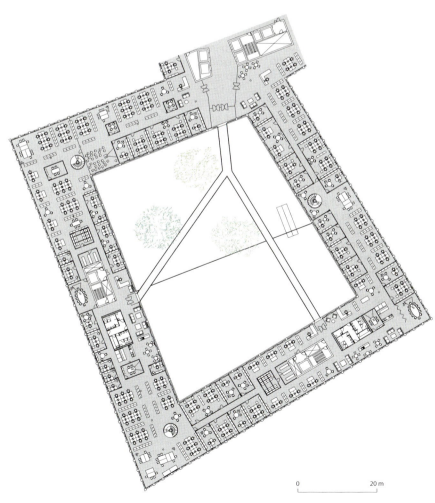

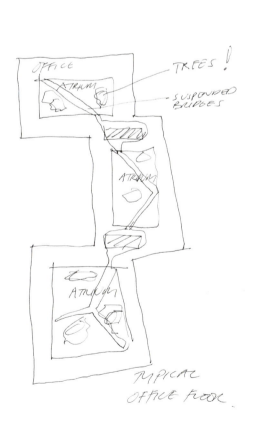

Biografía / Biography

Tony Fretton Architects

© Chris Clunn

ARQUITECTOS DIRECTORES DEL ESTUDIO PRINCIPALS

Tony Fretton
Licenciado en Arquitectura por la Architectural Association School of Architecture, Londres, 1972.
En 1982 funda Tony Fretton Architects.
Profesor invitado en la École Polytechnique Fédérale de Lausanne y del Berlage Institute, 1996-1997.
Profesor invitado en la Graduate School of Design, Harvard University, 2004-2005.
Desde 1999 es profesor de la Cátedra de Arquitectura y Diseño de Interiores de la Technische Universiteit Delft, Holanda.
Graduated from the Architectural Association School of Architecture, London, 1972.
Founded Tony Fretton Architects in 1982.
Visiting Professor, École Polytechnique Fédérale de Lausanne and the Berlage Institute, 1996-1997.
Visiting Professor at the Graduate School of Design, Harvard University, 2004-2005.
Professor, Chair of Architectural Design & Interiors at the Delft University of Technology, the Netherlands, since 1999.

Jim McKinney
Licenciado por la Escuela de Arquitectura de la Sheffield University en 1991.
Licenciado por la Facultad de Arquitectura de la University of Cambridge en 1995.
En 1996 se incorpora a Tony Fretton Architects, y en 1998 se convierte en uno de sus directores.
Ha dado clases en la Facultad de Arquitectura de la University of Cambridge, en la Architectural Association School of Architecture de Londres y en la London Metropolitan University.
Graduated from Sheffield University School of Architecture, 1991.
Graduated from the Faculty of Architecture, University of Cambridge, 1995.
Joined Tony Fretton Architects in 1996 and became a principal in 1998.
Has taught at the Faculty of Architecture, University of Cambridge, the Architectural Association School of Architecture, London, and London Metropolitan University.

ASOCIADOS ASSOCIATES

Sandy Rendel
Máster por la Facultad de Arquitectura de la University of Cambridge en 1998.
En 2004 se incorporó a Tony Fretton Architects, convirtiéndose en asociado en 2007.
Graduated from the Masters programme of the Faculty of Architecture, University of Cambridge, 1998.
Joined Tony Fretton Architects in 2004 and became an associate in 2007.

David Owen
Licenciado en Arte, Geografía y Economía por la University of Newcastle upon Tyne, 1987.
Licenciado en Arquitectura por la Manchester University en 1993.
Licenciado en Arquitectura por la Bartlett School University College de Londres en 1996.
Se incorporó a Tony Fretton Architects en 2002, convirtiéndose en asociado en 2007.
Profesor invitado en: London Metropolitan University, University of East London, Canterbury School of Architecture, Central St Martins School of Art.
Bachelor of Arts, Geography and Economics, University of Newcastle upon Tyne, 1987. Bachelors degree in Architecture, Manchester University Department of Architecture, 1993.
Diploma in Architecture from the Bartlett School, University College, London, 1996.
Joined Tony Fretton Architects in 2002 and became an associate in 2007.
Visiting critic at London Metropolitan University, University of East London, Canterbury School of Architecture, Central St Martins School of Art.

Editores de Tony Fretton Architects para esta monografía
Editors from Tony Fretton Architects for this monograph
Claire Curtice y/and Jenny Ersson

Directora de producción de los planos
Management for production of drawings
Nina Lundvall

Equipo de dibujo
Drawing team
Martin Nässén, Piram Banpabutr, Chris Neve y/and Richard Prest excepto Casa Roja, Casa de la Fe y todos los bocetos, de Tony Fretton/ except for Red House, Faith House and all sketches, by Tony Fretton.

Gestión del estudio
Practice management
Jane Kent

Tony Fretton **Estrategias para el presente**
Strategies for the present

nexus

Estrategias para el presente
Strategies for the present

Los arquitectos y diseñadores pasan por momentos en los que ciertos hechos y acontecimientos de un proyecto adquieren importancia y pueden ser transformados de forma imaginativa para incorporarlos al tejido del edificio. El atractivo de los objetos diseñados es que parecen dar un sentido imaginativo a los hechos y acontecimientos, algo que todas las personas se esfuerzan en hacer con el mundo que les rodea. Históricamente, las artes creativas han jugado un papel muy importante a la hora de dar un sentido al mundo moderno surgido durante los últimos siglos, y que está determinado por la política, la ciencia y la economía. Y de un modo especial la arquitectura, porque ha creado los espacios físicos que han permitido que se produzcan hechos nuevos y les ha conferido un significado. La arquitectura, de hecho, ha producido siempre arquitectura moderna.

Uno de los planteamientos ha sido construir la arquitectura moderna a partir de estilos anteriores y vernáculos, como, por ejemplo, el clasicismo, el neogótico, el romanticismo nacionalista y, hasta cierto punto, el *art nouveau* y la arquitectura posmoderna del siglo XX. Aunque existan grandes diferencias entre estos movimientos, cada uno de ellos ha abordado cuestiones arquitectónicas significativas del período moderno y ha dejado tras de sí huellas que siguen presentes en la arquitectura actual. Para Eugène Viollet-le-Duc, el gótico representaba los recursos técnicos y la capacidad de representación necesarios que permitían crear las estructuras de los edificios modernos. Para Augustus Pugin, sugería técnicas compositivas basadas en formas orgánicas que podían aplicarse al diseño de las grandes instituciones modernas.

El clasicismo, sin embargo, dio lugar al estilo más sistemático y exhaustivo, sirviendo a la modernidad, a medida que evolucionaba, con una arquitectura basada en la antigüedad grecorromana a disposición de las nuevas sociedades humanistas del Renacimiento. A su vez, se fusionaba con la construcción vernácula para crear el clasicismo doméstico destinado a la burguesía emergente de los Países Bajos y Gran Bretaña, y se transformó en el neoclasicismo y el estilo *beaux arts* de la ciudad del XIX. Este prolongado desarrollo dio lugar a unas reglas generales para el diseño de distintos tipos de edificios y conjuntos de edificios que delimitaban y conformaban espacios públicos entre ellos y encarnaban los valores de clientes y arquitectos. Incluso su forma más residual ha demostrado ser capaz de crear ciudades habitables, adaptables y cultas.

Designers have moments when certain facts and events in a project become significant and can be imaginatively transformed and embodied in the fabric of the building. The appeal of designed objects is that they seem to make imaginative sense of facts and events, something that people strive to do with the world around them. Historically, the creative arts have played a major part in making sense of the modern world as it came into being over the last several hundred years shaped by politics, science, industry and finance. Particularly architecture because it has created the physical places which both allowed new things to happen and gave them meaning. Architecture in effect has always produced modern architecture.

One approach has been to construct modern architecture from previous styles and vernaculars, as for example in classicism, Neo-Gothicism, national Romanticism and to some extent Art Nouveau and postmodern architecture of the 20th century. Although varying greatly in scope, each addressed significant architectural issues of the modern period and left traces that continue in the architecture of the present. For Eugène Viollet-le-Duc Gothic indicated the type of technical resourcefulness and representational capacity needed to make modern building structures. For Augustus Pugin it suggested compositional techniques based on organic form that could be extended to the design of large modern institutions. Classicism, however, gave the most systematic and extensive style, serving modernity as it evolved with architecture based on Greek and Roman antiquity for the new humanist societies of the Renaissance, coalescing with vernacular building to give domestic classicism for the rising bourgeoisie in the Netherlands and Britain, and transforming into the Neo- and Beaux-Arts classicism of the 19th-century city. Its long development gave general rules for the design of different types of buildings as ensembles that enclosed and shaped public spaces between them, which embodied the mutual values of clients and designers. Even in its most residual form it has proved capable of making habitable, adaptable and cultured cities.

Another approach to making modern architecture has been to deal only with issues, materials and techniques that are specific to the modern period. Engineer-designers such as Joseph Paxton, Gustave Eiffel, Jean Prouvé, Richard Buckminster Fuller and Norman Foster applied the materials and techniques that have arisen since the industrial revolution to the social issues that were an outcome of the industrial rev-

Otro planteamiento a la hora de crear arquitectura moderna ha sido ocuparse sólo de las cuestiones, materiales y técnicas específicas del período moderno. Ingenieros-arquitectos como Joseph Paxton, Gustave Eiffel, Jean Prouvé, Richard Buckminster Fuller y Norman Foster han aplicado los materiales y las técnicas que han ido surgiendo desde la revolución industrial a los problemas sociales resultado de esa misma revolución, subrayando la escala infraestructural más que la arquitectónica.

Los arquitectos del movimiento moderno intentaron crear una arquitectura racional que tradujese formalmente los nuevos modelos sociales y la innovadora ingeniería constructiva a través de la asimetría y la fragmentación del arte abstracto. La preocupación por las infraestructuras y la estética del movimiento moderno ha dado como resultado ciudades que son un despliegue de edificios inconexos, rodeados por un espacio sin un fin o significado tradicionales. Aunque las opiniones respecto a tales ciudades siguen siendo ambivalentes, son tan reales y complejas como las ciudades que se formaron a partir de la tradición, y a menudo recibidas de forma positiva por sus habitantes. Resulta crucial el hecho de que su ausencia de tradición pueda permitir la libertad creativa necesaria para abordar los problemas y posibilidades del mundo moderno.

Ambos planteamientos, el desarrollo de una arquitectura a partir de un material existente que contiene el conocimiento social, cultural y relativo a la experiencia, y la novedad de lo desconocido con la capacidad de estimular la creatividad humana, proporcionan estrategias para el trabajo de mi estudio en este momento.

Aunque aparentemente opuestos, ambos planteamientos están relacionados productivamente. Por ejemplo, la tendencia del movimiento moderno a dar la vuelta a la masa construida de la ciudad y reducir lo representado a función y tecnología, puede considerarse tanto una reacción al clasicismo *beaux arts* que le precedió como una inversión del mismo. Los proyectos y escritos de Le Corbusier revelan este aspecto de forma sofisticada y pormenorizada, ya que reformuló la composición como trazados reguladores y El Modulor. Lo precedente fue reconducido hacia la estética de la máquina y el objeto purista. Los pilares fueron reubicados de forma emblemática, aunque con objetivos constructivos y representativos distintos. Y los *Cinco puntos para una nueva arquitectura*, tal y como ha demostrado Alan Colquhoun, fueron una traducción de los temas estándar procedentes del clasicismo *beaux arts*.

olution, and stressed the infrastructural rather than architectural scale. Architects of the Modern Movement attempted a rational architecture that translated new social patterns and innovative constructional engineering into form via the asymmetry and fragmentation of abstract art. Infrastructural preoccupation and the aesthetics of the Modern Movement have produced cities that are arrays of disconnected buildings surrounded by space emptied of conventional purpose and meaning. Although attitudes to such cities remain ambivalent, they are as real and complex as cities that were formed according to tradition and are often positively embraced by their occupants. Crucially, their absence of custom can give the creative freedom to address the issues and possibilities of the modern world.

The two approaches, development of architecture from existing material that contains social, cultural and experiential knowledge, and newness and the unknown with the ability to stimulate human creativity, provide strategies for the work of my office in the present time.

While apparently in opposition, they are productively related. For example, the Modern Movement's tendency to turn city massing inside out and reduce what was represented to function and technology can be seen as reactions to and inversions of the Beaux-Arts classicism that preceded it. Le Corbusier's designs and writing reveal this in sophisticated detail. Composition was reformulated as *tracés régulateurs* and the Modulor. Precedent was diverted to the machine aesthetic and Purist object. Columns were redeployed emblematically but with changed constructional and representational purposes. And the five points of modern architecture, as Alan Colquhoun has shown, were translations of standard motifs from Beaux-Arts classicism.

Le Corbusier then, can be placed alongside artists of the Modern Movement such as Igor Stravinsky, James Joyce and Pablo Picasso, who quite naturally reworked cultural formations from the past and incorporated them with striking new issues and possibilities of the present to make works of intense modernity.

I think that the latter point remains true in the work of notable architects of the present time such as OMA, Álvaro Siza, Frank O. Gehry and Herzog & de Meuron.

In their submission for the extension of the Dutch parliament, OMA reworked selected motifs of the early European Modern Movement,

Piscinas, Leça da Palmeira, 1961-1966, Álvaro Siza.
Swimming pool, Leça da Palmeira, 1961-1966, Álvaro Siza.

© Thorsten Hümpel

Por lo tanto, es posible colocar a Le Corbusier junto a artistas del movimiento moderno como Igor Stravinsky, James Joyce y Pablo Picasso, quienes trabajaron sobre formas culturales del pasado de forma bastante natural, incorporando nuevos y sorprendentes temas y posibilidades del presente para crear obras de una intensa modernidad.
Creo que este último aspecto sigue estando presente en la obra de destacados arquitectos actuales como OMA, Álvaro Siza, Frank O. Gehry y Herzog & de Meuron.
En su propuesta para la ampliación del parlamento holandés, OMA adaptó algunos temas seleccionados del movimiento moderno europeo temprano, especialmente del surrealismo y el constructivismo ruso, así como del movimiento moderno pragmático de EE UU, estableciendo un diálogo entre ellos y los edificios históricos del emplazamiento para crear una arquitectura de expresión contemporánea.
Álvaro Siza demostró, en proyectos como las viviendas en Évora y la

particularly Surrealism and Russian Constructivism, with the pragmatic modernism of the USA, placing them in dialogue with historical buildings in the location to make an architecture of contemporary expression.
Álvaro Siza, in projects such as the housing in Evora and the bank in Vila do Conde, showed how highly abstract, contemporary architecture could be made that was socially intelligible and acutely sensitive to larger issues by drawing deeply on the Portuguese vernacular. These factors are most poignantly evident in an earlier work, the swimming pool at the edge of the sea and its buildings in Leça da Palmeira. Siza's scheme establishes relations of material, scale and proportion with the industrial dock seen across the bay, a place of natural beauty that has been allowed to become a shipping lane, to draw human life in the pool into association with wild life in the sea in a context marred by industry. Although exceptionally brilliant,

agencia bancaria en Vila do Conde, el alto grado de abstracción que podía alcanzar una arquitectura contemporánea socialmente inteligible y sumamente sensible a cuestiones fundamentales, recurriendo a una revisión profunda del componente portugués vernáculo. Estos conceptos resultan evidentes de forma aún más conmovedora en un proyecto anterior, las piscinas junto al mar y sus edificios anexos en Leça da Palmeira. El proyecto de Siza establece relaciones materiales, de escala y proporción con el muelle industrial que se aprecia al otro lado de la bahía; se trata de un lugar de belleza natural que establece una relación entre las personas que utilizan de la piscina y la vida natural del mar en un entorno degradado por la industria. La insistencia de OMA en un estilo moderno vernáculo e irónico como lente a través de la que contemplar el presente, aunque excepcionalmente brillante, parece retórica en comparación con la postura holística y nada sentenciosa de Siza y su concreción a través de la experiencia humana.

OMA's insistence on a vernacularised and ironic modernism as a lens through which to view the present seems rhetorical in comparison with Siza's holistic and non-judgmental statement and its delivery through human experience.
And it is here that my interests lie, in making architecture that constructs a positive and operable realism from the circumstances of projects and conditions of the modern world, and offers it as transformative experience.
To do that requires measured amounts of known and new material, which is why, I now know, I use and transform existing objects and buildings that have meaning, while applying high levels of abstraction to them. Retrospectively I can see how this took shape in the design of the Lisson Gallery of 1992. The facts and events of London that would be framed in the windows of the galleries presented themselves to me with political, social and existential force, and the build-

© Lorenzo Elbaz, VEGAP,
Barcelona 2008

Y este es el aspecto que me interesa, crear una arquitectura que construya un realismo positivo y factible a partir de las circunstancias de los proyectos y las condiciones del mundo moderno, y que las ofrece como una experiencia transformadora.

Realizarlo requiere cantidades mesuradas de temas nuevos y conocidos, esta es la razón por la que, ahora lo sé, utilizo y transformo objetos y edificios existentes que tienen un significado, aplicándoles al mismo tiempo elevados niveles de abstracción. Retrospectivamente, puedo entender que este proceso tomó forma en el proyecto de la Lisson Gallery en 1992. Los hechos y acontecimientos de Londres que se enmarcarían en las ventanas de los espacios expositivos, se presentaban ante mí con fuerza política, social y existencial, y el edificio parecía capaz de construirse a sí mismo a partir de fragmentos con significado de otros edificios, para expresar algo de su propio tiempo. Entonces se hizo posible una relación natural con el pasado y un alto grado de libertad a la hora de definir el presente.

El desarrollo de estas líneas de pensamiento en edificios de mayor tamaño y carácter más público es el tema de esta monografía. En la vida cotidiana, los edificios tienen que comunicar a través de su presencia física ayudados sólo por un contexto narrativo. Para simular esta condición y mostrar la distinta posición de cada una de las obras en nuestro campo de investigación en desarrollo, los proyectos no se han ordenado mediante un criterio cronológico o tipológico, sino por el marcado contraste entre unos y otros, acompañados únicamente de una breve descripción de las ideas que subyacen tras ellos. Sin embargo, nunca es posible prescindir del todo del discurso más estructurado, ya que es en él donde reúno lo que mis colegas y yo mismo hemos descubierto en el oficio de proyectar y construir los edificios. Esta es la razón por la que haya escrito más extensamente sobre aquellos proyectos en los que hemos alcanzado un grado significativo de comprensión.

ing seemed able to construct itself from meaningful fragments of other buildings to say something of its times. Then a natural relation with the past and a high degree of freedom in defining the present became possible.

The development of those lines of thought into larger and more public buildings is the subject of the monograph. In daily life, buildings have to communicate through their physical presence, aided only by a background of narrative. To simulate that condition, and show the distinct place of each work in our developing field of enquiry, projects have been arranged not by time or type, but in strong contrast with each other, accompanied by only a brief description of the ideas behind them. More structured writing however can never be entirely absent, because it is where I bring together what my colleagues and I have discovered in the craft of design and realisation of buildings. For that reason I have written more extensively on projects where we reached a significant level of understanding.

Estrategias para el presente Strategies for the present Tony Fretton 143

© Martin Charles

© Lorenzo Elbaz,
VEGAP, Barcelona 2008

Próximo número (doble)
Forthcoming issue (double) issue

Mies van der Rohe
Casas Houses

Introducciones Introductions **Beatriz Colomina, Moisés Puente** | Casa Riehl Riehl House Potsdam, 1906-1907 | Casa Perls y ampliación Fuchs, Berlín Perls House and Fuchs extension, Berlin 1911-1912, 1928 | Casa Werner, Berlín Werner House, Berlin 1912-1913 | Casa Urbig Urbig House Potsdam, 1915-1917 | Casa Eichstaedt, Berlín Eichstaedt House, Berlin 1921-1923 | Casa Mosler Mosler House Potsdam, 1924-1926 | Casa Wolf Wolf House Gubin, 1925-1927 | Casas Lange y Esters Lange and Esters Houses Krefeld, 1927-1930 | Casa Tugendhat Tugendhat House Brno, 1928-1930 | Casa para una pareja sin hijos, exposición *Die Wohnung unserer Zeit*, Berlín House for a childless couple, *Die Wohnung unserer Zeit* Exhibition, Berlin 1931 | Casa Lemke, Berlín Lemke House, Berlin 1932-1933 | Casa Farnsworth Farnsworth House Plano, 1945-1951 | Casa McCormick McCormick House Elmhurst, 1951-1952 | Casa Morris Greenwald Morris Greenwald House Weston 1951-1956 | **nexus** Casas no construidas de Mies van der Rohe Unbuilt houses by Mies van der Rohe

¡Suscríbase!
Subscribe!

Cómo suscribirse a 2G
Por internet
Usted puede utilizar nuestra página web: www.ggili.com
Por correo
Por favor, rellene el boletín de suscripción adjunto y envíelo en un sobre a:
Editorial Gustavo Gili, SL
Rosselló, 87-89, 08029 Barcelona (España)
Si desea acelerar su pedido puede utilizar el fax o el correo electrónico:
Por fax
Envíe el boletín de suscripción una vez haya rellenado todos los datos solicitados, al fax (93) 322 92 05.
Por correo electrónico
Envíe su boletín de suscripción a través del correo electrónico a la dirección: info@ggili.com
Ejemplar de muestra sólo para Bibliotecas
Un ejemplar de muestra GRATUITO de 2G está a disposición de las Bibliotecas. Solicítelo a nuestro departamento de marketing por correo, fax o correo electrónico.

How to subscribe to 2G
By internet
Please use our website: www.ggili.com
By mail
Please complete the attached subscription form and mail it in an envelope to:
Editorial Gustavo Gili, SL
Rosselló, 87-89, 08029 Barcelona (Spain)
If you wish to save time, you may send your subscription form by fax or electronic mail:
By fax
Send the complete subscription form to fax no. (34) 93 322 92 05
By electronic mail
Send the complete subscription form to the following address: info@ggili.com
Sample copies only for Librarians
A sample copy of 2G is available for inspection FREE of CHARGE. Request can be made to the Marketing Department by post, fax or e-mail

GG
Editorial Gustavo Gili, SL
Rosselló, 87-89
08029 Barcelona-Spain
Tel: (34) 93 322 81 61
Fax: (34) 93 322 92 05
e-mail: info@ggili.com
http://www.ggili.com

2G Boletín de suscripción 2008
Válido sólo para España

Deseo suscribirme a la revista de arquitectura 2G a partir del nº _____ inclusive
Nombre _____ CIF/DNI _____
Dirección _____
Población _____ Código Postal _____
Teléfono _____ e-mail _____

Importe de la suscripción: 100 € (4 números). **20 % de descuento** para estudiantes de arquitectura (acreditar fotocopia de la documentación).

Números atrasados:
- ○ 45. Paulo Mendes da Rocha (29,50 €)
- ○ 44. Smiljan Radic (29,50 €)
- ○ 43. Kazuhiro Kojima (29,50 €)
- ○ 42. HildundK (29,50 €)
- ○ 41. Eduardo Arroyo (29,50 €)
- ○ 39-40. Gerrit Th. Rietveld (55 €)

Importe de los números atrasados _____ €
Total (suscripción + números atrasados) _____ €

Forma de pago:
○ Talón nominativo   ○ Contra reembolso   ○ Domiciliación bancaria
Banco o Caja _____ Agencia _____
Dirección _____ Población _____
Código Postal _____ Provincia _____
Cta. Nº _____
Tarjeta de crédito: ○ Visa   ○ Master Card
Número _____ Caduca _____
Titular de la tarjeta _____
Fecha _____
Firma _____

También puede suscribirse a través de nuestra página web: **www.ggili.com**

2G Subscription card 2008
Valid for countries excluding Spain and Portugal

I wish to subscribe to the magazine 2G beginning with no. _____
Name _____
Address _____
VAT no. _____ Country _____
Tel. _____ email _____

International annual subscription rates: 4 issues
- ○ surface mail   135 €
- or
- ○ air courier   190 €

20% discount for architecture students:
(please send photocopy of the relevant document)
I also wish to order the following backissues:
- ○ 45. Paulo Mendes da Rocha (27.88 €)
- ○ 44. Smiljan Radic (27.88 €)
- ○ 43. Kazuhiro Kojima (27.88 €)
- ○ 42. HildundK (27.88 €)
- ○ 41. Eduardo Arroyo (27.88 €)
- ○ 39-40. Gerrit Th. Rietveld (52,88 €)

Total back issues _____ €
Total (subscription rate + back issues) _____ €

I enclose as payment:
○ Bank Cheque (not personal) to Editorial Gustavo Gili, SA
○ Postal Order   ○ Master Card   ○ Visa Card
No. _____ Expiry date _____
Name of cardholder _____
Date _____
Signature _____

You can also subscribe through the following subscription agencies:
EBSCO: www.ebsco.com | ROWE: www.rowe.com | SWETS: www.swets.nl
or use our website: **www.ggili.com**

Editorial Gustavo Gili, SL
Rosselló, 87-89
08029 Barcelona

Editorial Gustavo Gili, SL
Rosselló, 87-89
08029 Barcelona

Distribuidores en España / Distributors in Spain

Andalucía y Extremadura
Distribución de Ediciones Rodríguez Santos, SL
C/Diseño. Edificio Fórum
Módulo 14
Parque Industrial Pisa
41927 Mairena del Aljarafe (Sevilla)
Tel. 95 418 04 75
Fax 95 418 04 90

Aragón
Icaro Distribuidora, SL
Pol. El Plano, calle A, nave 39
50430 María de Huerva (Zaragoza)
Tel. 976 12 63 33
Fax 976 12 64 93

Canarias
LITECA
General Sanjurjo, 18
38006 Santa Cruz de Tenerife
Tel. 922 28 44 00
Fax. 922 24 05 23

Castilla y León
Lidiza, SL
Avenida de Soria, 15
47193 La Cistérniga (Valladolid)
Tel. 983 40 30 60
Fax 983 40 30 70

Asturias, Cataluña, Baleares, Madrid, Euskadi, Navarra y Cantabria
Editorial Gustavo Gili, SL
Rosselló, 87-89
08029 Barcelona
Tel. 93 322 81 61
Fax 93 322 92 05
e-mail: info@ggili.com

Comunidad Valenciana y Murcia
Orozco, Representaciones Editoriales, SL
Polg. Ind. Els Mollons
Tapissers, 7
46970 Alaquas (Valencia)
Tel. 96 151 74 40
Fax 96 151 74 39

Galicia
Calvo Conde Distrib. Editoriales, SA
Rey Abdullah, 24
15004 La Coruña
Tel. 981 25 88 34
Fax 981 26 97 66

Distribuidores extranjeros / International Distributors

All countries excluding those listed below
Editorial Gustavo Gili, SL
Rosselló, 87-89
08029 Barcelona - Spain
Tel. (3493) 322 81 61
Fax (3493) 322 92 05
e-mail: info@ggili.com

Argentina
Concentra S. R. L.
Montevideo, 938
1019 Buenos Aires
Tel./Fax (541) 814 2479
e-mail: libreria@concentra.com.ar

Australia
Modern Journal
P O Box 1082
Collingwood 3066
Tel./Fax 03 9417 2520

Brasil | *Brazil*
Casa Ono
Rua Fernao Dias 492
05427-001 São Paulo
Tel. (11) 813 65 22
Fax (11) 212 64 88

Chile
Editorial Contrapunto, SA
Av. Salvador, 595
Providencia, Santiago
Tel. (2) 223 30 08
Fax (2) 223 08 19

China, Taiwan & Hong Kong
Cassidy and Associates Inc.
375 Trailsend Drive
Torrington, Connecticut 06790
USA
Tel. (860) 482 30 30
Fax (860) 482 07 78

Colombia
Fausto editores, Ltda.
Calle 122, nº 53 A - 29
Santa Fe de Bogotá
Tel. (1) 253 13 47 /
(1) 613 03 43
Fax (1) 235 95 17

Corea | *Korea*
MGH Publication Services Co.
Suite 901 Pierson Bd. 89-27
Shinmoonno 2Ka, ChongNo
Seoul 100-062
Tel. 82-2-732 8105
Fax. 82-2-735 4028

Ecuador
El Libro Cia., Ltda.
Av. Naciones Unidas, 377, 3º
Quito
Tel. (2) 43 36 22
Fax (2) 43 34 28

Grecia | *Greece*
Hyperion Books
Att. Spyros Stamatelatos
13, Gerasimos Sklavos street.
264 42 Patras
Tel. (261) 425 888
Fax (261) 432 442

Italia | *Italy*
I.D.E.A. SRL
Via Lago Trasimeno, 23
36015 Schio (Vicenza)
Tel. (445) 57 65 74
Fax (445) 57 77 64

Japón | *Japan*
United Publishers.
Services Ltd.
Kenkyu-Sha Building
9, Kanda Surugadai 2
Chome Chiyoda-Ku
Tokyo
Tel. (3) 291 45 41
Fax (3) 32 92 86 10

México | *Mexico*
Editorial Gustavo Gili de México, SA
Valle de Bravo, 21
México Naucalpán 53050
Tel. (5) 560 60 11
Fax (5) 360 14 53
e-mail: ggili@prodigy.net.mx

Perú | *Peru*
La Familia Distribuidora de Libros
Av. República de Chile, 661-Jesús María Lima 11
Tel. (14) 332 67 10
Fax (14) 335 717

Portugal
Editorial Gustavo Gili, Lda.
Praceta Notícias de Amadora, 4-B
2700 - 606 Amadora
Tel. (21) 491 09 36
Fax (21) 491 09 37
e-mail: ggili@mail.telepac.pt

Reino Unido | *United Kingdom*
RIBA Bookshops and Distribution
15 Bonhill Street
London
EC2P 2EA
UK
Tel. +44 [0]207 496 8364
Fax +44 [0]207 374 8500
e-mail: john.morgan@ribabookshops.com

Singapur | *Singapore*
Page One
Blk 4, Pasir Panjang Road
08-33 Alexandra Distripark
Singapore 0511
Tel. (65) 339 02 88
Fax (65) 339 98 28